河出文庫

怒らない 禅の作法

枡野俊明

河出書房新社

文庫化によせて

今日こそ、怒らないで過ごしたい。

今度こそカッとならないよう、怒りをコントロールしなければ。

あなたも、そんなふうに考えたことがあるのではないでしょうか。

しかし私たちは、毎日ちょっとしたことでイラッとしたり、腹を立てたりしています。

今朝起きてから今までのことを思い出してみてください。

たとえば、電車で人と肩がぶつかってムカッとした。上司から嫌みを言われてカチンときた。非常識な内容のメールが届いて頭にきた……。きっと、いくつか思い当たることがあるはずです。

多くの人は、「怒りを感じるのはよくないことだ」「怒るのはスマートではない」と思っています。しかし、怒りはふとした折に湧《わ》いてくるものです。

頭ではいけないとわかっているにもかかわらず、コントロールできない感情。それが怒りなのです。

この本では、日本で長らく伝えられてきた禅の智慧《ちえ》を生かして、怒りという感情に振り回されることなく、幸せに生きる方法をお伝えしています。

刊行後、多くの方が読んでくださり、たくさんの感想を寄せてくださいました。

「本をベッド脇において、寝る前に必ず読んでいます」と教えてくださった方。

「生活全般がおだやかなものに変わりました」とおっしゃる方。

「相手の立場に立って、ものが考えられるようになりました」と、お礼を言ってくださる方。

時には、正直に、こう話される方もいらっしゃいました。

「実は、恥ずかしながら、まだ怒りを感じることがあるのです。でも、本を読んで自分にできそうなことを取り入れてみたら、今までと同じ出来事が起きても反応が変わってきました。少しでも変われたことは嬉しいです」

私は、「それでいいのですよ。自分が変わっていることが自覚できているのですから、素晴らしいではないですか」とお答えしました。

私がこの本でお伝えしたかったのは、怒りをまったく感じない「聖人君子」になる方法ではありません。

人間ですから、喜怒哀楽があるのは当然です。

禅では、さまざまな感情が湧いてくるその心を、平静な状態に整える方法を教えています。

禅の修行では、座学ももちろんおこないます。しかし修行の中心は、坐禅と日常生活にあります。実際に体を動かすこと、自分自身の生活を律していくことが、心を磨くための道だと考えるからです。

禅僧になるための修行は、非常に厳しいものです。細かな戒律が定められ、独自の作法や規律を守りながら、心身の鍛錬《たんれん》をおこなっていきます。

しかしその中には、みなさんの人生に生かしていただける智慧や工夫がたくさんあります。

苦しい修行は要りません。少し視点を変えるだけで、あるいは、日常に小さなアイデアを取り入れるだけで、変化が起こり始めます。

たとえば、誰かに対して憤《いきどお》りを感じたとします。

その時、感情にまかせて相手に反論したくなったり、誰かに八つ当たりしたくなったりするかもしれません。

ただし実際にそうすると、必ず後悔したり、自己嫌悪に陥《おちい》ったりするでしょう。また、あなたの評価を落としてしまうことにもなりかねません。

こんな時は、まず姿勢を正して、深呼吸するといいのです。まずはゆっくり息を吐き出し、そして、おなかの底まで息を吸いこむと、次第に心が落ち着くのがわかるはずです。

深い呼吸をくり返すことによって、頭に血が上っていた状態から、冷静な状態へと変われるのです。

これは、平常心を保つために、禅の教えを活用した工夫のひとつです。

怒りを無理に抑えようとすると、むずかしいかもしれません。

しかし、姿勢を正したり深呼吸をしたりするだけであれば、簡単にできるのではないでしょうか。

この本では、このように誰でもすぐ取り入れられる行動や習慣を、数多く紹介しています。

禅の智慧をできるだけ多くの方に生かしていただき、人生を変えるための助けにしていただきたいからです。

「人生を変えるなんて、なかなかできないよ」とおっしゃるかもしれません。

しかし、人はいつからでも変わることができます。

この本を読んでくださった多くの方が、ご自身の体験によってそのことを教えてくださいました。

変化を起こすために大きな決断をしたり、思い切った行動をとらなくても大丈夫です。まずたったひとつでいいですから、本で紹介している習慣を日常に取り入れてみてください。

そして、小さな変化をあなた自身で実感してください。

その体験が積み重なり、いつしか必ず人生が変わっていきます。

日常生活を送っていれば、気持ちが乱れる出来事は日々起こるものです。しかし、何が起きても感情に飲み込まれず、平常心を保てるようになれば、現実に左右される人生から抜け出すことができます。

そうすると、思いもよらなかった変化が起こり始めます。

今まで知らなかったあなたの新たな能力や資質が表に現れ、自分本来の才能を見事に発揮できるようになるのです。

あなたもぜひ、禅の作法を日常に取り入れ、生まれ持った才能を輝かせてください。

あなたの人生がどのように変わったか、お聞かせいただくことを楽しみにしています。

合掌

平成二八年　三月吉日

建功寺　方丈にて　枡野俊明

怒らない 禅の作法

目次

怒らない「体」

怒らない「生活」

第3章 ケーススタディ 怒りを消し去る禅の作法

自分への怒り

家族、周囲への怒り

仕事での怒り

第4章　人生が変わる「怒らない生き方」

本文デザイン＝石間淳
編集協力＝江藤ちふみ

はじめに

禅僧である私は、時折こんな質問を受けることがあります。

「そんなに多忙なのに、常に穏やかなのはどうしてですか?」

「なぜ、そんなふうに悠然《ゆうぜん》とかまえていられるのですか?」

確かに、血相を変えて激怒することはありませんし、忙しくてもひとつひとつの仕事を無心にこなしていくことが、一番効率がいいことを知っていますから、周りからは、いつも淡々としているように見えるのかもしれません。

しかし、学生時代の私は、どちらかといえば短気なほうでした。ささいなことですぐカッとなり、「あ、またやってしまった!」と後悔することも多々あったものです。

私が変わったのは、曹洞宗《そうとうしゅう》大本山の總持寺《そうじじ》で雲水《うんすい》(禅宗の修行僧)生活を送ってからのことです。

後でくわしくお話ししますが、禅寺での修行生活は非常に規則正しく、また厳しいものです。そんな生活を続けていくうちに、いつの間にか、イライラしたり腹が立ったりすることが激減していったのです。

この本を手に取ったあなたは、自分の怒りやストレスを減らして、心穏やかに過ごしたいと思っていることでしょう。ですから、今「やはり厳しい修行生活をしないと、怒りっぽい性格を変えるのは難しいのか」とがっかりしているかもしれませんね。

しかし、落胆する必要はありません。

禅には、トゲトゲした心が楽になり、安らかな気持ちで毎日を送るためのヒントがたくさんあります。禅の心を日常に生かしていくと、心に波風が立つことが少なくなり、怒りやイライラが減っていくのです。

禅の心とは、物事にとらわれず今この一瞬を大切に生きること。執着《しゅうちゃく》を手放し日々満足して生きること。よけいなものをそぎ落としシンプルに生きることです。

怒りは誰もが持っている感情です。それを完全になくすことは難しいかもしれません。だからといって怒りに振り回され、人にぶつければ人間関係にヒビが入ります。さらに、怒りを我慢すれば後々までストレスとして残ります。

しかし、たとえ今怒りやストレスを抱えていたとしても、この本を読んでいくうちにフッと肩の力が抜け、霧が晴れるように視界が明るくなるのを感じるでしょう。

きつい修行をしなくてもいいのです。毎日の中でできることから取り組んでいけば、どんな人でも必ず変化を感じることができます。

まず、それまで感情的になっていた場面で、冷静さを保てるようになります。また、たとえ一時的にカチンときてしまっても、すぐに平常心に戻れるようになります。

すると心が安定し、自分本来の力を発揮できるようになっていきます。

この本では、禅門で伝えられている逸話や禅語も紹介しながら、怒りから自由になるためにはどうすればいいのか、その作法をわかりやすくお伝えしていきます。また、実生活で参考にしていただけるように、具体例を挙げてQ＆A形式でお答えする章も設けました。

ひとつの言葉が、一行の文章が、人生を変えることがあります。

この本で、あなたにそんな出会いがあることを心から祈ります。

本書は、二〇一三年四月に小社より刊行された
『怒らない　禅の作法』を一部加筆・修正したものです。

第1章

「怒らないこと」は、なぜ難しいのか?

すぐに怒る人といつも心穏やかな人の違いとは

最近、あなたはどんなことに腹を立てましたか？

「サービス残業をしてがんばっているのに、みんなの前で上司に叱られた」「今朝、何度起こしても子どもが起きてこなかった」「遅刻魔の友だちが、昨日も待ちあわせに遅れてきて謝罪ひとつしなかった」「ママ友に、また太ったねと言われた」……。「そういえば」と、すぐにいくつか思い当たるのではないでしょうか。

他にも、電車が遅れてイライラしたり、テレビのニュースを見てムカッときたり、店員の横柄な態度に苛立《いらだ》ったりと、怒らない日はないと言っていいくらい、「怒り」は私たちの心の中にすぐ湧《わ》き起こる感情です。

では、なぜこの「招かれざる客」は、心に度々湧いてきては、私たちを悩ませるのでしょう。

もちろん、周囲の人の言動や遅れた電車、不愉快なニュースなど、あなたを怒らせる原因が身近にあったからですが、それは単なる引き金に過ぎません。

たとえば、あなたが怒った時と同じシチュエーションに遭遇《そうぐう》したとしても、まったく心を乱されることなくいつも穏やかな人もいますよね。

いつも機嫌のいい人と、ちょっとしたことでイラッとしてしまう人。その違いはどこにあるのでしょう。それは、**普段その人がどんな心の状態にあるかの違い**です。

両端を思い切り引っ張って、ピーンと張り切ったゴムを想像してみてください。すぐに怒ってしまう人は、そんな張り切ったゴムのような状態です。両端からギューッと引っ張られているため、当然苦しくて仕方ありません。常にプレッシャーがかけられ、余裕がなくいっぱいいっぱいです。ですから、ささいなきっかけでパチンと切れてしまうのです。

一方、いつも平常心でいられる人は、しなやかに伸びたり縮んだりするゴムのように、どんな状況にも臨機応変に対応できます。

現代社会で生きる私たちの心は、極限まで引っ張ったゴムのような状態なのです。**心にしなやかさを取り戻すことが、怒りから自由になるための大きなポイント**と言えます。

ゆとりのない生活が生む怒り

江戸時代に生きたご先祖様が私たちの暮らしを見たら、何と言うでしょうか。コンビニに行けば、二四時間灯りが煌々《こうこう》とついて、食品や日用品がふんだんにそろっている。飛行機や新幹線に乗れば、座っているだけで目的地へ到着する。誰かとコミュニケーションしたり情報を得たりしたければ、わざわざ足を運ばなくてもパソコンや携帯電話がある。

「これは、素晴らしい！」と絶賛するでしょうか。それとも、あまりの変わりように目を白黒させるでしょうか……。

技術の進歩や産業の発達は、私たちに大きな恩恵をもたらしました。

しかし、「ストレス社会」「スピード社会」という言葉に象徴されるように、マイナスの面をもたらしたことも否定はできません。

誰もが、欲求不満やストレスを抱えて生きざるを得ない社会。

一日中フルスピードで走らなければ、取り残されてしまうと感じる社会。

物質面では江戸時代に比べて革新的に便利になったにもかかわらず、私たちは、心身ともにかなり負荷のかかる環境で暮らしていると言っていいでしょう。

朝から晩まで仕事や家事に追われ、その間にメールのやりとりやネットのチェック、週末は家族サービスや自分磨き。目はショボショボ、肩はガチガチなのに、目の前にはやるべきことが山積みで気がつくと時間だけが過ぎている。

物事の進むスピードがどんどん加速し、ギリギリのところで綱渡りをしているような毎日だと感じる人も多いのではないでしょうか。

またいつも追い立てられている分だけ、私たちは待つということも苦手になりました。

メールの返信が少しでも遅れようものなら、バカにされているのではとジリジリする。駅では我先にと改札に向かい、人を押しのける。レジ待ちの列がなかなか進まないと、店員の手際が悪いのではとカリカリする。毎日の生活にゆとりがない分だけ、心のゆとりも奪われてしまったようです。

まずは、ほんの少しでいい。ホッと一息つける時間を作ることから始めましょう。

人づきあいで忙しくないと不安な人々

前述のように、毎日時間に追われヘトヘトになっている人がいる一方で、中には日々忙しく生きることが、時代の最先端にいることだと勘違いしている人もいます。スケジュール帳は、いつも飲み会や合コン、習いごと、勉強会などの予定で真っ黒。携帯電話のアドレス帳には何百人もの情報が登録され、SNS（ソーシャルネットワーキングサービス）では面識のない人とも積極的に交流。

そんな人は、常に「忙しい」が口グセです。「どうしても顔を出してって言われたから、忙しいけど参加しなきゃ」「今月は結婚式に三回も呼ばれて、忙しいんだよね」きっと、忙しくすることが人生を充実させることだと思っているのでしょう。

しかし、そのような人に限って、自分が本来やるべきことがおろそかになっているものです。また、そもそもただ忙しがっているだけで、実はそれほど忙しくもなかったりするのです。

そんな人は、いつもスケジュールがぎっしりでないと、周囲から置き去りにされる気がしてしまうのですね。裏返せば、それだけ不安なのだということです。たくさんの人とつきあっていつも予定が埋まっていれば、それだけ自分は人気があるのだと得意になれるかもしれません。しかし、深夜に電話をかけて頼みごとができる友人は、その中に何人いるでしょうか？　自分では人脈を広げているつもりでも、本当に心許せる間柄の人は意外に少ないはずです。

実は、**必要以上に人間関係を広げるのも怒りの原因**になります。

結局はスケジュールをこなすことが目的になってしまい、思惑通りに進まないことが大きなストレスを生むからです。

少しでも予定が狂うとピリピリして人に当たってしまったり、時間に遅れそうになって道を急ぎ、誰かとぶつかってつい大声で怒鳴ったり……。

本来なら感じなくてもいい怒りをわざわざ自分で作り出しているようなものですから、これ以上ばかばかしいことはありませんね。

人生には一人でも二人でもいい、深く心を開いて話せる友がいれば、それで十分です。

「考えること」が、怒りを生み出す

たとえば、心ない言葉で侮辱《ぶじょく》された時、あなたはその場で相手に怒りをぶつけますか？ それとも、グッとこらえて自分の中で処理しようとしますか？

湧いてきた怒りをどう扱うかは、その人の性格や状況によって変わってくるでしょう。しかし、どのように扱ったとしても、一度生まれた怒りはしこりとなって残り続けます。

もし、すぐに目の前の人にぶつけたとしたら、相手との関係が険悪になるだけでなく、「すぐカッとなる人」というありがたくないレッテルを貼られることになります。それに怒ったからといって、あなたがスッキリするわけではありません。また、たとえ我慢して冷静さを保ったとしても、後々まで悔しさを味わうでしょう。

この本では怒りを上手に流す作法を学んでいきますが、同時に、怒りを生まない方法もお伝えしていきます。怒りを生む原因を絶つことが、「怒らない自分」になるための非常に重要なポイントだからです。

なぜ、怒りが生まれるのか。ゆとりのない生活や必要以上の人間関係が、その原因だとお伝えしてきましたが、その他にも怒りが生まれる意外な仕組みがあります。

怒りは、私たちが「考える」から生まれるのです。

私たちが怒るのは、動物が攻撃されたら即反撃するのと同じ条件反射だと思うかもしれませんが、そうではありません。

動物が敵に対して反撃するのは本能です。動物は、相手をぎゃふんと言わせてやろうとか、自分の正しさを証明しようと考えているわけではありません。

ところが私たち人間は、自分が受けた行為や言葉をいったん体で受け止めた後、頭へ持っていきます。いわゆる「頭に来る」という状態です。

「こいつ、何と言ってやりこめようか」「目に物見せてやる」。頭に血が上って、そう考えてしまうのです。

考える行為そのものは、もちろん悪いことではありません。人間に与えられた大切な宝です。しかし、人や自分を傷つけるためにこの宝を使うのは、愚《おろ》かなこと。

どうすれば、怒りの種を頭に上げずに済むのか。ぜひ、この本で習得してください。

「心のメタボ」に気づくことから始めよう

仏教では、人は誰もが「仏性《ぶっしょう》」を持っていると考えています。仏性とは、仏と同じ尊い性質のこと。人は皆、悟りを開いた仏と同じ美しい輝きを持つと捉えているのです。

しかし、周りを見回すと「この人の仏性の輝きは、ずいぶん見えにくくなっているな」と思う人がほとんどではないかと思います。

たとえば、自分の不機嫌さを四六時中まき散らしている人、周囲の迷惑も顧《かえり》みず非常識なマナー違反をする人、相手をわざと傷つけて勝ちほこっている人。

そんな人の中にも、もちろん仏性は輝いています。ただ、分厚い煩悩《ぼんのう》のぜい肉に覆《おお》われて、本人も周囲もその存在に気づけないでいるだけです。

私は、その状態を「心のメタボ」と呼んでいます。

仏性を覆っている煩悩のぜい肉は、日々の忙しさやプレッシャーで少しずつ厚くなります。本当は穏やかでいたいと願っていても、仕事や人間関係でのストレスが募《つの》り、マイナス感情がつい心を覆ってしまうのです。

まずは、煩悩の下に仏性があるということに気づきましょう。今度は、そのぜい肉を減らしていけばいいだけです。

体を覆っている厚い脂肪も、食生活を変え体を動かして生活習慣を改善すれば、みるみるうちに減って本来の健《すこ》やかな体が戻ってきますね。

「しかし、私の心のメタボはかなり重症かもしれない」と思うかもしれません。

それでも、嘆くことはありません。

「泥多仏大（どろおおければほとけだいなり）」という禅語があります。

材料になる泥が多ければ多いほど、大きな仏像を造ることができるという意味です。

人間、誰しも煩悩があって当然です。時には、間違いを犯すこともあります。

しかし、仏の教えに出会い、**よく生きたいという気持ちがありさえすれば、煩悩がどんなに多くても必ず道は開けます。**

煩悩が大きければ大きいほど、学びも大きいはずです。

失われた日本人らしい繊細な感性

日本人の協調性やマナーのよさは、世界でも一、二を争うとよく言われますが、もうひとつ、世界に誇るべき国民性があると私は思います。

それは、日本人ならではの感性の細やかさです。日本独自の文化や芸能の中には、世界が目をみはるような洗練された美とセンスが輝いています。たとえば、日本の伝統工芸である藍染《あいぞ》めひとつとっても、藍色、浅葱《あさぎ》色《いろ》、甕覗《かめのぞき》、縹色《はなだいろ》など、十数種類の色が存在します。我々の先祖には、そのすべてを染め分け、見分け、名づける豊かな感性があったのです。

しかし、気ぜわしい日常の中で、今この感性が失われつつあるように思えてなりません。私は、この感性を取り戻すことが、怒りに振り回されている現代人への処方箋になるのではないかと考えています。日本人らしい繊細さを失ったことと怒りっぽい人が増えていることには、大きな相関関係があるように感じるのです。

また、さまざまなツールのおかげで便利になった社会は、我々が培ってきた能力を知らず知らずのうちに衰えさせているようです。たとえば、携帯電話が普及してから、家族の電話番号すら思い出せなかったり、カーナビに頼りっぱなしで、何度も通っている場所にナビなしではたどり着けない人も多いのではないでしょうか。

先日訪れたある現場で、こんなことがありました。

突然出てきた雨雲を見て、地元の人が「あの山の頂きに雲がかかったから、もうすぐ降りますよ」と教えてくれたのですが、若いスタッフは「いや大丈夫。予報は晴れですから」とスマートフォンを手に答えました。ところが数十分後には、ザーッと大粒の雨。

四季折々の変化を細かく観察し味わってきたからこそ、私たち日本人は繊細な感性を紡《つむ》ぎ、自然とともに生きる知恵や能力を育《はぐく》んできたのでしょう。

その感性や知恵は、相手の気持ちを思いやる優しさや、お互いに歩みよって和を見出す生き方へとつながってきました。そういった**本来の日本人らしい生き方を思い出すことが、ギスギスした心を潤してくれる**のではないでしょうか。ご先祖様から受け継がれてきたこの目に見えない財産に、もう一度光を当ててみませんか？

先の見通せない時代に役立つ禅の教え

生きるか死ぬか、その瀬戸際で戦った戦国武将の中には、心の拠《よ》り所を禅に求めた人物が多くいます。有名な武田信玄や上杉謙信をはじめ、北条家や足利家の武士など多数の武士が出家得度《とくど》し、仏の教えを学びながら戦乱の時代を生き抜きました。

仏教では殺生を禁じているのに、武将が禅を学ぶのは矛盾があるのではないかと感じるかもしれません。しかし、自分ではいかんともしがたい時代背景の中で、彼らは常に死と隣りあわせで、大勢の家臣や領民の命を守り抜かなければなりませんでした。

自らの決断ひとつで自分の命はもとより、何百何千の命が失われるかもしれないというギリギリの場面において、頼れるのは自分自身しかいない。そういった状況にある彼らを、禅の教えが導いたのです。

同じく動乱の世であった幕末から明治にかけて活躍した、勝海舟や山岡鉄舟ら多くの人物も禅を学び、坐禅を心の支えとしました。

禅では、坐禅や日常の修行を通して、すべてのとらわれから自由な境地へと近づいていきます。彼らも、禅の師匠からその教えを学び実践することで、自分を律し、自らの生き方を省みようとしたのでしょう。

私は時折、現代はまさに戦国時代のような状況だと感じることがあります。

コツコツと勤めあげれば、定年後は安泰な第二の人生が待っている。電化製品や車を買い、家を買って、少しずつほしい物を手に入れていけば、幸せで心豊かな毎日が送れる……。しかし今は、以前のように社会が敷いたレールの上で真面目に暮らしてさえいたら、心安らかな日々が過ごせるという時代ではなくなりました。

何を大事にするのか、どこを目指して生きるのか。見通しの利かない状況の中で、誰もが必死で戦っているような毎日。懸命に生きる中で生まれた心のひずみが、怒りや苛立ちにつながっています。心のありようとしては、激動の時代を生きていた歴史上の人物たちと似ている状況なのではないでしょうか。

先の見通せない時代。そこにひと筋の道を見出すために、禅があります。穏やかな心で自分の道を歩くために、ぜひ次の章から禅の教えを学んでいってください。

第2章

「怒らない人」になる禅の習慣43

怒らない「心」1

心にかけている色眼鏡を外す

あなたは今、どんな眼鏡をかけて周囲を見ているでしょうか?

視力を補うための眼鏡ではありません。あなたが心にかけている眼鏡のことです。

私たちは、周りの人を「あるがまま」に見ているわけではありません。その人の一面だけを見て「この人は〇〇だ」と決めつけてしまう傾向があります。サングラスをかけると景色が暗く見えるように、さまざまな偏見《へんけん》や思い込みが「色眼鏡」となって心の目を曇らせているのです。

ある時、知りあいがこんなことを言っていました。常々嫌いだと思っていた芸能人に仕事で実際に会ってみたところ、とてもいい人で、印象がガラッと変わったというのです。

今あなたは、自分が嫌いだと思っている人の行動すべてを否定して、腹を立てたりイライラしたりしていませんか？　他の人がやれば快《こころよ》く受け入れられる行動も、その人がやると「いい子ぶって感じが悪い」と思うのであれば、あなたはかなり濃い色眼鏡をかけているのかもしれません。

仏教では、どんな人も一点の曇りもない鏡のような心、すなわち「仏性《ぶっしょう》」を持っていると考えます。仏性とは、「ピュアな自分」と言い換えてもいいでしょう。わかりやすく言えば、大宇宙の真理をそのまま映す鏡のようなもの。誰もが本来持っている思いやりや優しさ、誰かのために役立ちたいという思いのことでもあります。あなたも、もちろんあなたの嫌いな人も、この仏性を持っています。誰の中にも尊い仏性があると気づくことは、それだけで仏様の境地に近づいているということです。この仏性と一枚になること。その状態を「見性成仏《けんしょうじょうぶつ》」と言います。

曇った眼鏡をかけていると、この仏性に気づくことができません。しかし、**今かけている心の眼鏡を外してみると、ふとしたことで、その人の本質に気づくことができます**。普段は気づけないその人の優しさや人間味が見えてきます。

自分がどんな色の眼鏡をかけているか、まずはそこに気づくところから始めれば、いつしかその眼鏡を外すことができるでしょう。

怒らない「心」2

手の中に、宝があると気づく

「あれがほしい」「これはイヤだ」「人に勝ちたい」「周りの人がうらやましい」

生きていれば、誰しもそんな思いを持つものです。

欲や執着《しゅうちゃく》、競争心、嫉妬《しっと》……。いわゆる「煩悩《ぼんのう》」です。

いつもなんとなく気が立っている、ちょっとしたことで人と衝突《しょうとつ》する、仕事に集中できないなど日常生活がうまくまわらない時、それらの煩悩であなたは「心のメタボ」状態になっているのかもしれません。

日々ホコリを払って掃除するように煩悩もきれいに払っていかなければ、いつしか身動きすらできなくなるでしょう。

「明珠在掌（みょうじゅたなごころにあり）」という禅語があります。

わざわざ遠くを探さなくても、宝物（仏性）はあなたの手の中にすでにあるのです。「いえ、私には仏性などありません」という人は、一人もいません。この世に存在するすべての人に備わっています。

自分の中に、仏性という輝く宝を見出すか見出さないか。ただそれだけです。

ただし、仏性は自分で磨かなければ輝きません。

全員に備わっているのですから、磨かなければ宝の持ち腐れ。もったいないではないですか。

日本曹洞宗《そうとうしゅう》の開祖、道元禅師は「磨けば玉になる」と言いました。

どんな石でも磨けば玉になる。つまり、どんなに厚い煩悩で覆《おお》われた仏性でも磨けば輝き出すということです。

人の言動にいちいち苛立《いらだ》っていたり、ライバルの出世に嫉妬心を燃やしたりしていては、あなたの手の中にある宝を磨く暇はありません。また、分不相応の物を手に入れることに執着していたり、まだ起きていない未来をシミュレーションして気に病んだりしていては、仏性の光が鈍くなってしまいます。

どう過ごそうと、同じ時間です。

煩悩に振り回されて過ごしますか？　それとも、自分磨きに使いますか？

怒らない「心」3

流れに身を任せる

昨年の夏、出張帰りの新幹線が台風で足止めされました。車内で待つこと数時間。本来ならとっくに新横浜に着いている時間になっても、動く気配はありません。

「いったい、いつまで待てばいいんだよ！」

とうとう、乗客の一人が車掌に向かって大声で文句を言い始めました。

早く帰りたい気持ちは、よくわかります。しかし相手は台風です。怒鳴ったからといって、早く立ち去るわけでもなければ、新幹線が動き出すわけでもありません。

仕事で業績を上げる、苦手なことを克服するなど、自分の力でどうにか解決できる問題であれば、一生懸命精進すれば必ず結果はついてきます。しかし、どんなに懸命に努力し、必死で祈っても、どうしようもできないことが人生にはあります。

たとえば、自分や家族が病気になったりケガをしたりする。災害や事故に遭《あ》う。

これは人の力でコントロールできることではありません。特に、大自然の前で私たち人間は、無力です。**自らの力が及ばない状況にある時には、ただそれを味わえばいい**のです。どんな経験も、その日、その時、その場に自分が居あわせないと味わえない経験です。

「運の悪い日に新幹線に乗ってしまった」とカリカリしても仕方ありません。

新幹線が止まったのなら、できた時間を仕事や読書にあてたり、日頃はできない考えごとをしたりすることに使えば、マイナスをプラスに転じることができます。

流れに身を任せ、その巡りあわせを味わう。これを、禅語では「任運自在《にんぬんじざい》」と言います。大きな流れに自分をあずけて、悠然《ゆうぜん》と生きるのです。

自然と同じように、人も思い通りにはなってくれないものです。嫌な人に会ったり、気に触ることを言われたりした時は、カッとすることもあるでしょう。また、自分の思うような評価や反応が得られない時は、反論して相手を言い負かしたくなることもあるでしょう。しかし、相手には相手の立場や考え方があります。

嫌なこと、腹の立つこと、思わぬアクシデント……。どんなことが起きても、任運自在。飄々《ひょうひょう》と生きることを、目指しましょう。

怒らない「心」4

湧いてきた怒りは、放っておく

静かに澄み渡った湖に、ポーンと投げ込まれた小石がひとつ。湖面に波紋が立ち、サーッと広がっていきました。

波紋を消そうとしてそこに手を伸ばすと、また新たな波紋が生まれます。波紋は次々に広がり、最後には想像以上に大きくなってしまうでしょう。

では、波紋を消すにはどうすればいいのでしょう?

答えは、簡単です。そのまま放っておけば自然に波紋は消え、いつもの静かな湖面に戻ります。

心が苛立ちや怒りで波立っている時も同じです。「怒っちゃダメ」「忘れなきゃ」と思うと、その考えに取りつかれて、さらに心は波立っていきます。考えないということに執着するあまりに、よけいに考える結果になってしまうのです。

「あ、自分は今怒っているな」「カッカしているな」と気づいたら、丹田《たんでん》（おへその下二寸五分、約七・五センチ）で大きくひとつ深呼吸。その後は、無理に感情を抑えず、なすがままにしておきます。

といっても、周りの人に八つ当たりしていいというわけではありません。

何をすればいいか。目の前のことに集中すればいいのです。

どんな人にでも、やるべきことがあるはずです。仕事でも家事でもいい。もちろん、勉強や奉仕活動でもいい。あるいは、部屋を片づけたり、先延ばしにしていた雑用をしたりすることかもしれません。もしかすると、誰かに会いに行かなくてはならないのかもしれません。思い切り遊んでみるのも良いかもしれません。

何も思いつかない場合は、ひとまずゆっくり時間をかけて、一服のお茶を飲むのもいいでしょう。

何かがほしいから、何かの得になるから、やるのではありません。

今あなたの目の前にあることを、ただ無心に、ただひたすらやるのです。

手を動かし、足を動かし、体を動かしていると、いつしか波立っていた心が、静かに澄んでいることに気づくでしょう。

怒らない「心」5

人は人、自分は自分と考える

「あなたの話し方、要領を得ないわね」「もっと、早く作業できないの？」

そんなふうに言われたら、誰でも侮辱《ぶじょく》されたと感じて心穏やかでいられないでしょう。「バカにするな！」と、言い返したくなるかもしれません。

しかし、相手は本当にあなたを侮辱しようと思ってそう言ったのでしょうか？

同じ景色でも立つ位置によって見え方が違うように、その人の立場によって出来事の捉え方がまったく変わってきます。

もしかすると相手は、あなたより優位に立とうとして、そう言っただけかもしれません。あるいは、自信のなさを攻撃的な言動で隠しただけかもしれません。

相手には、相手の「事情」があります。**自分の受け取りたくない評価は、受け流せばいい**のです。

もちろん、相手の言葉に学ぶべきところがあれば取り入れて、自分の成長へつなげればいいでしょう。

しかし、人は人、自分は自分です。人の言動にいちいち動揺したり、ピリピリしたりしていたら、自分の人生をしっかりと生きる時間が奪われてしまいます。また、相手を見下したり低く評価したりすれば、「同じ穴のムジナ」になってしまいます。

「山是山、水是水（やまはこれやま、みずはこれみず）」という禅語をご存じでしょうか。

山は山として、水は水として、おのおのその本分をまっとうしているという意味です。山が水に対して「山になれ」と言うこともなければ、その逆もありません。自然の中では、両者がそれぞれあるがままの姿で存在し調和しています。

人間の社会も同じです。AさんがBさんになることはできませんし、BさんがAさんになることもできません。また、自分の価値観を相手に押しつけるのは、お互いの調和を乱すことにしかなりません。

それぞれが自分の本分をまっとうして精いっぱい生きる。そうすれば、自分自身も相手ももっとも自然に生きることができるのです。

怒らない「心」6

自分がすべて正しいと思わない

私たちは、誰もが「自分は正しい」と思っています。

しかし、果たして本当にそうでしょうか?

ある時、二人の僧が風に揺れる幡《はた》(吹き流し)を前に、言い争いをしていました。一人は「幡ではなく、風が動いているのだ」と言い、もう一人は、「いや、動いているのは幡で、風ではない」と言う。両者とも、一歩も譲りません。

そこへ通りかかった師は一言、こう言って立ち去りました。

「幡や風が動いているのではない。お前たちの心が動いているだけだ」と。二人は、悄然《しょうぜん》として師を見送ったと言います。

自分こそが正しい。あなたも、そう思ってはいませんか? 相手と争い、声高に自分の正しさを主張する時、あなたは我見《がけん》にとらわれていないでしょうか。自分の意見、立場、価値観を振りかざして、相手を責め立ててはいないでしょうか。

仏教で大切にされている教えのひとつに、「慈悲《じひ》」があります。

相手を慈しみ、大切に思う心のことです。相手がたとえ間違っていたとしても、一方的に非難するだけでは何の解決にもなりません。北風に吹かれてコートの襟《えり》を立てる旅人のように、相手は頑《かたく》なにうつむいてしまうだけです。

相手と自分。両者は対立するものではなく、実はひとつ。つまり、「不二《ふじ》」であると、禅では考えます。「あなた」と「私」ではなく、「あなたは私、私はあなた」なのです。

このように考えれば、誰かと対立して勝とうとすることの無意味さに気づくのではないでしょうか。前のページと矛盾するようですが、これもまた禅の知恵のひとつです。

「我見、離《はな》るべし」

それは、自分の立場を捨てて、相手の立場に立ってみる。相手の声を聞く耳を持つということ。

思い切って、我見を離れてみてください。きっと楽な人間関係が築けるはずです。

怒らない「心」7

目の前の物事に集中する

早く目的地へ着きたいと思う時、あなたは車のハンドルをギュッと握りしめ、前だけを見てアクセルを思い切り踏み込むでしょう。脇目もふらず全力疾走すれば、目的地へ誰よりも先に着くことができます。

周囲から高い評価を得られるでしょうし、あなた自身もトップに立った快感を堪能できるに違いありません。

これまでの日本には、そうやって必死に努力して成果を挙げることをよしとする風潮がありました。ですからこそ、日本は経済大国となり、私たちは世界に誇れる物質的な豊かさを享受することができたのです。

しかし、心の豊かさはどうかと言えば、非常に心許ないのが現状です。

職場で、電車やバスの車内で、街中で、以前にも増してギスギスとした雰囲気が蔓延《まんえん》しているような気がしてなりません。

誰もが目標や結果にとらわれて急《せ》かされている。そんな気がしてならないのです。

確かに、目標に向かってなりふり構わず邁進《まいしん》するのも、ひとつの尊い生き方です。

しかし、禅では違う生き方があると教えています。それは、自分の足元を確かめながら、一歩一歩進んでいくあり方です。

禅語に「常行一直心（つねにいちじきしんをぎょうず）」という言葉があります。

真っ直ぐな心、清らかな心で、目の前の物事に打ち込むということです。

周りで何が起きようと、誰かに追い越されようと、一心に自分のなすべきことをやる。そうすると、ゆるぎない自信が生まれ、物事に動じない自分が生まれます。

自信がつけば、人や世間に惑わされることなく、自分の道を進むことができます。

自分の足で歩けば、道ばたに咲く花の可憐さに、梢《こずえ》で鳴く鳥の声の美しさに心を留めることができるでしょう。その時々にしか味わえない自然の営み、ともにゆく人との支えあいを感じることができるでしょう。

時々ふと立ち止まり、今自分の立っている場所を見回し確認して、また歩みを進める、そんな生き方もまた味わい深いものです。

怒らない「心」8

頭に来たら、一呼吸置く

ご存じのように、怒りという感情はコントロールすることが難しいものです。

誰もが「怒ってはいけない」と頭ではわかっています。しかし、ふとしたきっかけで怒りが生まれると、つい感情的になって激しい口調でまくし立ててしまう。そんな自分に嫌気がさし、自己嫌悪に陥《おちい》ってしまう人も多いのではないでしょうか。

後で考えれば、「なぜ、あんなささいなことでいきり立ってしまったのだろう」と後悔するのですが、その瞬間にはどうすることもできません。

怒りに振り回されない自分になるには、その場で怒りを収める工夫が必要です。

そこで、いったん生まれた怒りを収めるための秘策があります。

実に簡単なことです。不愉快なこと、腹の立つことがあった時、何かを言う前にまず一呼吸置くのです。

浅い呼吸では効果がありません。おなかをゆっくり動かしながら、大きく丹田で深呼吸します。この「間」が重要です。

「それができれば、苦労はない」と思うかもしれません。

しかし、私の尊敬する大本山總持寺《そうじじ》の元貫首《かんじゅ》をされた板橋興宗《いたはしこうしゅう》禅師は、怒りを収めるために実際この方法を使っていました。私が知る限りまったく怒ったことのない禅師にその理由を訊《たず》ねると、頭に来ることがあったらおなかで呼吸をしながら、「ありがとさん、ありがとさん、ありがとさん」と三回くり返しているのだと教えてくれたのです。

くり返すうちに、言おうと思った言葉も引っ込んでしまうのだそうです。

「ちょっと待て」「大丈夫」「我慢」……。くり返す言葉は何でもいい。**おなかで呼吸をして、頭に怒りを上げないことが大切**なのです。

一度口を出た言葉は、取り戻すことができません。「今のナシ！」と後から叫んでも、いったん崩れた信頼や壊れた人間関係が、簡単に修復できるはずもありません。

ほんの少しの「間」が、取れるかどうか。あなたが怒りから自由になれるかどうかのポイントは、まずそこにあります。

怒らない「心」9

「いい子でありたい」と思うのをやめる

ほんのちょっと我慢すれば、「いい人」と言われて周りから愛される。角を立てないように振る舞えば、みんなと仲よくできる。そう思ってはいませんか？

あるいは、背伸びをして自分をよく見せなければ、人に負けてしまう。「できる人」と思われないと出世できない。そう決めつけてはいませんか？

そのちょっとした我慢や背伸びが、あなたの心に大きなストレスを与えています。あなたが演じているのは、素の自分ではない「よそゆきの自分」だからです。一度「よそゆきの自分」が受け入れられると、人は常にその自分を演じようとします。しかし、ありのままの自分と違う仮面をずっとかぶっているのですから、心は息苦しくなってしまうでしょう。

普段は、その仮面があなたを守ってくれるかもしれません。しかし、思い通りにいかないことがあった時に、ひずみは現れます。

「自分はこんなにがんばっているのに！」「いつもいつも我慢しているのに！」

それまでこらえていた感情が、怒りとなって噴き出すのです。

違う場所で生まれ、違う育ち方をして、違う価値観を持った人間同士が、毎日関わりあいながら生きているのですから、摩擦《まさつ》が起きて当然です。また、評価は、相手がその人の色眼鏡で下すものですから、希望通りにならないのが世の常です。

どうせ思い通りにいかないのであれば、息苦しい仮面を外してみてはどうでしょう。すると、案外楽に生きられるものです。我慢していた分、背伸びしていた分、押し込められていた素の自分が息を吹き返してきます。

「随所快活《ずいしょかいかつ》」という禅語を、心に留めておいてください。

どんなところにいても、へりくだったり、あるいは、気取ったり緊張したりすることなく、自分らしく自然体で生きる。それが、禅の目指す生き方です。

どんな時も、ありのままの自分でいればいい。肩書きや立場など関係ない、ありのままの相手を見ればいい。それ以上でも、それ以下でもない。

そこに気づくことができれば、いつも風通しのいい自分でいられますよ。

怒らない「心」10

被害者にならない

あなたは、どんな時に怒りや苛立ちを感じるでしょうか？

上司や同僚にひどいことを言われた時、町を歩いていて突然ぶつかられた時、銀行の窓口の対応が悪く長時間待たされた時、人に親切にしたのに無視された時……。

考えてみてください。その時、あなたは「被害者」になっていないでしょうか？

自分は被害を受けたのだから反撃しなければとばかりに、激しい口調で言い返したり、クレームを言ったりしているかもしれません。その時は言い返せなくても、そこで受けたストレスを違う形で身近な人にぶつけているかもしれません。

しかし、それでは何の解決にもならないことは、あなたもよくわかっているでしょう。そのように対応すれば、さらなる怒りの再生産になり、また嫌な思いをするだけです。

中国のある禅僧の話をしましょう。

旅の途中、禅僧は一夜の宿を探していました。町の人から山の上に古寺があると教えられ向かってみると、そこは、今にも崩れ落ちそうなあばら屋です。それでもそこを今夜の宿と決めた禅僧は、床板をはがしていろりで燃やし、暖をとりました。すると、いろりの上にちらほらと落ち葉が舞い込んできました。見上げると屋根には穴が空いていて、そこから月明かりが差し込み、自分を照らしていたそうです。

普通であれば、なんてみじめな夜だろうと嘆《なげ》きたくもなるでしょう。

しかし、禅僧はこう言って喜んだと言います。「月の光までがこの場所と私を祝福してくれている。今夜は、こんな素晴らしいところで眠れるなんて幸せだ」と。

普通であれば**涙したくなるようなわびしい状況も、心ひとつで、このうえなく幸せなものへと簡単に変えられる**のです。

こんなに軽やかな生き方をしてみたいと思いませんか？

「被害者」でいることをやめれば、それができます。

どんなマイナスもプラスに転じることができる。これが、禅の教えです。難しいことではありません。あなたの心ひとつで、それができるのです。

怒らない「心」11

自分の人生の主人公になる

映画やドラマで使う「主人公」が、もともとは禅語だということを知っている人は少ないでしょう。

自主性や自己責任を持って自分の人生を生きろという意味で、「自分の人生の主人公になれ」と言ったりしますが、禅で言う主人公は少し意味が違います。

禅で教える主人公とは、心の中にある仏性、本来の自己のこと。誰もが自分の中に仏様と同じ輝く仏性を持ち、それこそが自分本来の姿であるということ。

その姿に出会うことが、本当の自分を生きることにつながるのです。

自分本来の姿を生きられるようになれば、怖いものはありません。

何があっても泰然自若《たいぜんじじゃく》。あなたを攻撃したり批判したりする人が現れても、悠然とかまえていられます。思わぬトラブルに巻き込まれても、「これも経験」と前向きに受け取ることができます。何より、ささいなことでカッとしたり、ムシャクシャして人に当たらずに済むようになります。

なぜなら、何ものにも侵されない尊い自分がいることがわかっているのですから。

しかし、私たちは自分が主人公であることに簡単には気づけません。

人と自分を比べて嫉妬してみたり、自分が持っているものではなく、持っていないものばかりを探して落ちこんでみたり……。つい感情的になってしまうのも、自分ではなく、相手を自分の人生の「主人公」にしているからです。

「どうせ自分は」という自己卑下《ひげ》や「人に勝たねばならない」という思い込みを、一度手放してみてください。

その場その場で、あなたが主人公になるのです。

子どもの頃、あなたは毎日毎日、時間を忘れて遊んでいたのではないでしょうか？　自分の好きなことにひたすら没頭していたのではないでしょうか？

その時、あなたは自分を卑下したり、人と比較して落ちこんだりはしていなかったはずです。自分の人生の主人公だったはずです。

自分の姿を見失う前に、その頃のことを思い出してみてください。

怒らない「心」12

求めない

お釈迦様が亡くなる直前に行ったとされる説法の中に、「知足《ちそく》」という考え方が出てきます。

足るを知る。今与えられているものに満足し、感謝するということです。

三毒のひとつである欲望には、キリがありません。私たちは、物はもちろんのこと、人間関係や仕事での業績、私生活の充実、果ては自分の若さや容姿に関してまで、「もっとほしい」「もっとよくなりたい」と望みがちです。

それだけではありません。自分の人生に関わりのある人にも、「もっと」と望んでしまいます。「パートナーがもっと稼いでくれたら」「子どもの成績がもっとよかったら」「部下がもっと有能だったら」「上司が自分をもっと理解してくれたら」などと考え、現状で満足することがなかなかできないのです。

向上心を持つことや相手に期待することが悪いと言っているわけではありません。ただ、欲望は次第に執着となり、それがさらなる執着を生んで、自分を苦しめるということを知っておく必要があります。

ほしいものが手に入らない場合は、苛立ちや焦りが生まれます。たとえ、いったんはほしいものが手に入ったとしても、すぐに次の「ほしいもの」が心を悩ますようになります。

特に、人間関係での欲や執着は、怒りを引き起こす原因になりがちです。心のどこかに、相手をコントロールしたいという気持ちがあるからです。相手が自分の思うようにならない時は、すぐに怒りに直結します。

今持っているもの、そばにいてくれる人、置かれた状況。すべて大切なご縁によって結ばれたものです。

もちろん人間であれば、欲望をまったく持たないことなど不可能です。しかし、自分の身の丈を知ること。そして、欲望に支配されないことが大切なのです。

「ありがとう、もう十分」

そう言えた時、心に安らかさが訪れます。満足感に満ち充実した毎日が訪れます。

怒らない「心」13

今すぐ行動に移す

部屋の片づけ、書類の整理、ダイエット、たまっているメールへの返信……。「やらなきゃ、やらなきゃ」と思いながら、なかなか手がつけられない。そういう人は多いのではないでしょうか？

心の中にどれだけ「やる気」があっても、実際に体を動かして実行しなければ、部屋がきれいに片づくことはありませんし、ぜい肉が落ちることもありません。「怒らない自分」になることも同じです。心のしくみや怒らないための方法、考え方や暮らし方をいくら知っていても、実際にカチンときた時、思わず語気を荒らげそうになった時に実践しないと意味がありません。

禅では、行動、実践がすべてと説きます。

水が上から下に流れ落ちるように、人間は、何も意識しないと楽なほうへ楽なほうへといく生き物です。その結果、時間だけが過ぎていき、いつしか「まあ、いいや」とあきらめてしまう。それでは、いつまで経っても変わることはできません。晩年自分の一生を振り返った時に「自分の生き方はこれでよかったのだろうか」と後悔しても、時間を巻き戻すことはできないのです。

行を修めることで仏性を磨き、仏へと近づくのが禅の生き方です。理論と実践が一致することを「行解相応《ぎょうげそうおう》」と言います。一瞬一瞬、自分の信じる道に真剣に取り組むことで人生を切りひらいていくのです。

悪いことやいやなことがない人生などありません。山あり谷あり。思い通りにいかないのが人生だと言ってもいいでしょう。

それを前向きに捉え、よいほうへ転じていけばいい。そのためには、**「明日から」「今度から」と思わないこと。今すぐ変わる（やる）と決めること**です。

以前であれば怒った場面で怒らないでいられるようになると、自分自身で「成長したな」と思えるでしょう。

そういう場面をどれだけ増やせるか。

あなたが本当に変われるかどうかは、そこにかかっています。

怒らない「心」14

焦らずに待ってみる

私たちの先祖は農耕民族として田畑を耕し、大地の実りを得て暮らしてきました。鍬《くわ》を持ち、土を耕して種を蒔《ま》く。成長の様子を細かく観察し、水やりや間引きをして雑草を取る。

そうやって、手間暇をかけ、数カ月、あるいは一年かけて作物を育て、自然の恵みをいただいてきたのです。特に、私たちの主食であるお米を育てるには、八八もの行程がかかると言われるほど時間と労力が必要です。

その血を受け継ぐ私たちも、物事をよく観察し、やるべきことを行いながら時を待つということが本来は得意なはずです。

しかし、意のままにことを進めたいという焦りが先に立ち、今すぐ結果を出さなければ気が済まないと考える人が増えている気がします。

特に、子どもや部下を育てる時に、この焦りが生まれがちです。

人にはそれぞれ成長の速度や変化のタイミングがあります。人を育てるうえでは、相手のペースを見極める作業は欠かせません。

ところが、自分の都合や思いにばかり意識が向いて、相手の状態を見ることができず無用な苛立ちを生む原因となっているのです。言うまでもなく、これは自分自身を育てようとする時にも起こりがちなことです。また、人間関係のトラブルが起きたり、人から誤解されたりした時に、問題を解決しようと急ぎすぎて、かえって面倒を引き起こしている人も見かけます。

コミュニケーションがうまくいかない時は、無理に何とかしようと躍起《やっき》になるのではなく、待ってみるというのも大切な解決法のひとつです。

ひなが卵から孵《かえ》る時、外の環境に出る準備が整うと、ひなは内側から殻をつつきます。そのかすかな音を捉えて親鳥は外側から殻をつつき割ってあげます。

ひなが内側から殻をつつく音が「啐《そつ》」。親鳥がつつく音が「啄《たく》」。「啐啄同時《そつたくどうじ》」。両者のタイミングがピタリとあった時に、物事は変化し、新しいものが生まれるのです。

怒らない「心」15

まず自分から始める

道元禅師が宋に渡った時のこと、まだ年若かった禅師に大きな影響を与えた出会いがありました。一人の典座《てんぞ》和尚（料理係の長となる僧）との出会いです。

夏の盛り、禅師は、庭で椎茸を干しているその典座に出会いました。見ると、背中が弓のように曲がった老僧です。年老いた典座は厳しい暑さの中で笠もかぶらず、杖をつき、汗を垂らしながら作業をしていました。

禅師は心配になり、こう訊ねました。

「なぜ、他の者にやらせないのですか?」

すると、典座は一言ぴしゃりと言ったそうです。

「他不是吾（たこれわれにあらず）」

つまり、「他人は自分ではない、人がやったのでは自分の修行にならない」という意味です。禅師は、ハッとして多くを悟ったと言われています。

自分の修行は、自分自身にしかできません。同じように、**変わりたいと思った時に、自分を変えられるのは、自分自身だけ**です。

「そのうち、誰かが自分を変えてくれるのではないか」「やがて周りの環境が変わり、ストレスが減るかもしれない」。そんな淡い期待は、きっぱり捨てましょう。

もし、有能なコーチのようにあなたを導いてくれる人が現れ、手取り足取りアドバイスしてくれたとしても、他人に依存している限り、自らの道は見えてきません。

また、異動や引っ越しなどの環境の変化によって、あなたを悩ませていた人間関係から離れられたとしても、あなた自身が変わらなければ、また同じような状況を生み出すでしょう。

禅では、作務《さむ》を「人が人であるための基本行為」と位置づけています。禅僧は、掃除や炊事、庭仕事などを「片づけなければならない義務」だとは捉えません。たとえ面倒な仕事であっても心を込めて行えば、必ずそこに清々《すがすが》しさが残り、真剣に取り組んだ分だけ仕事の結果が残ります。そして、自分の成長が感じられます。

自分を変えられるのは、自分自身。禅僧はそれを身にしみて知っているのです。

怒らない「心」16

完璧を求めない

生きている限り、すべてが思い通りに進み、悩みやストレスが完璧に消えるということはありません。また、まったく欠点のないパーフェクトな人はこの世には存在しませんし、初めから何でも完璧にできる人は一人もいません。

ところが、私たちは何かをやろうとする時、なぜか完璧を求めてしまいます。希望を持って自分を変えようと努力したり、相手といい関係を築こうとする姿勢を持つのはいいのですが、自分が行動したことで望む結果が得られないと、すぐに落ちこんでしまいます。

「自分には、どうせできないんだ」

「あの人が変わらないから、いつまでも苦しまなければならない」

そうやって、自分を卑下したり、相手を責めたりし始めるのです。

しかし、人間は不完全な生き物であり、日々思い通りにいかない現実の中でもがきながら生きていくもの。今を受け入れて、淡々と前に進んで行けばいいのです。その時に心しておかなければならないのは、結果に執着しないということです。なぜなら人生においては、結果が出ることのほうが少ないからです。

もちろん、「何が何でもいい結果を出すぞ」と決意し、懸命に努力することは大切ですし、だからこそ素晴らしい成果を残せるということもあります。それでも、そこにたどり着くまでには時間がかかります。また、試練もあるでしょう。しかし、そこで「もう、嫌だ」と努力をやめてしまえば、今までの状況を変えることはできません。

水が流れる場所には、おのずから渠《みぞ》ができます。初めは細々とした渠であっても、水が流れ続ければ次第に太くなり、最後には豊かな水をたたえる水路になります。禅では、その真理を「水到渠成《すいとうきょせい》」という言葉で説いています。

完璧にできないからと途中でやめてしまったら、せっかくできた渠の水が涸《か》れてしまうでしょう。**変化の時を迎えるためには、結果にこだわらず無心に努力し続けることが重要**なのです。

怒らない「体」1

おなかから深く呼吸をする

いつもなら全然気にならない家族の小さなクセや、友人の何気ない一言が無性に癇《かん》に障《さわ》って、「ちょっと、その貧乏揺すりやめたら!?」「え？　それってどういう意味？」と強い口調で食ってかかり、相手を驚かせてしまった。そんな経験はありませんか？

出来事は同じでも、その時の自分の状態で対応はずいぶん変わります。

いつもなら受け流せるシチュエーションで、つい腹立ち紛れにあたってしまったとしたら、その原因は、自分自身の心の乱れに他なりません。

苛立ちなどを、無意識のうちに怒るという行動で解消しようとしたのでしょう。

そんな時自分の呼吸を意識してみると、早く、浅くなっているはずです。

実は、心と呼吸には深い関係があります。

下腹を意識して動かしながら、ゆっくりと深い呼吸を五、六回くり返してみてください。心がゆったりとして落ち着いてきませんか？　また、それまで気づけなかった周りの物音や風景が感じられるようになりませんか？

もしそう感じるならば、それは心の雑音が消え、気持ちが静まったからです。

呼吸は直接心に働きかけ、気持ちを安定させる力を持っています。

たとえば、重要なプレゼンや会議の前、結婚式のスピーチの前などは緊張して、必ず呼吸が浅くなっているもの。相手をリラックスさせるために「はい、深呼吸して」とよく言いますが、これは実際に効果があるのです。

ただし、胸式呼吸をいくらくり返しても効果はありません。大切なのは、丹田に意識を集中させ、深く長い呼吸をすることです。

この呼吸が、禅の大切な修行のひとつである坐禅の基本、丹田呼吸です。

呼吸が整うと心も整い、少々のことでは惑わされない不動心が生まれます。また、気持ちが静まり、凛《りん》と引き締まってきます。

呼吸が心身に与える影響は、科学的にも証明されています。呼吸を整えると、血流が約二五パーセントアップし、逆に呼吸が乱れると血管が収縮して血流が約一五パーセント低下するという実験データがあるのです。

呼吸が整えば心も体もリラックスできるので、血管が拡張します。その結果、血流も上がると考えていいでしょう。血の流れがよくなれば、それだけ内臓の働きが活発になります。さらに脳も活性化し、ストレスも軽減します。

また、深い呼吸によって、精神状態を安定させる脳内物質セロトニンや、リラックス時に出るアルファ波が大量に出ることも証明されています。私たちが思っている以上に、呼吸が心に大きな影響を与えていることに間違いはないでしょう。

丹田呼吸のポイントは、息を吸う前に、まず吐き切ることです。ストレスをすべて外に出すつもりで、もうこれ以上できないというところまで息を吐き切り、後は自然に空気が入ってくるのに任せてください。

初めのうちこそ練習が必要ですが、慣れてくれば、いつでもどこでもできるようになります。電車の中で、歩きながら、心がざわつく時、気分転換したい時……。もちろん、イライラが爆発しそうな時や頭に来ることがあった時に有効なのは、言うまでもありません。

ほんの数分で気持ちの切り替えができるワザを身につけたら、一生の宝物です。

怒らない「体」2

日常の所作を美しくする

禅の修行では、心を整えるためにまず姿勢を正し、立ち居振る舞いを整えることから始めます。

立ち居振る舞いとは、私たちの普段の所作のこと。禅では「行住坐臥《ぎょうじゅうざが》」という言葉で表します。この所作を美しくすることは、基本中の基本。所作が洗練されると、心も磨かれ、美しくなると考えているのです。

日頃の所作を変えるだけで、心が磨かれるなんて本当だろうか？　そう思うかもしれません。しかし、心と所作には、切っても切り離せないつながりがあります。

たとえば、つらいことがあって落ちこんでいる時、あなたはどんな歩き方をしているでしょう。背中を丸め、うつむいてとぼとぼ歩いているのではないでしょうか。

一方、嬉しいことがありウキウキしている時は、顔を上げて足取りも軽やかに、さっそうと歩いているはずです。

また、足を投げ出し、今にもイスから落ちそうな座り方をしている人が、やる気満々だと思うでしょうか？　乱暴におつりを渡す店員の心が、幸せで満たされていると思うでしょうか？

所作は心を映し出す鏡。**周囲の人や仕事にどのように向きあっているか、また、人生に対してどのように向きあっているのかが、その人の所作に如実《にょじつ》に表れます。**眉間にシワを寄せて人の悪口を言っている人や、顔を真っ赤にして激怒している人の所作が、美しく見えることは決してないでしょう。

修行を始めた雲水《うんすい》は、まず俗世での所作を徹底してあらためなければなりません。二四時間細かな作法が決められており、厳しい規律があります。洗面、食事、入浴はもちろんのこと、歩き方や睡眠、トイレにいたるまで、すべて定められた手順を踏んで、すみやかに行うことが求められているのです。

初めは、それまでの生活とのギャップに戸惑い、大変苦労します。しかし、ひと月もすると別人です。背筋がしゃんと伸び、きびきびした動きが身につきます。

禅の道を極めた高僧になると、ただそこにその人がいるだけで、そばにいる私たちの心まで澄んでくるような、風格と品を感じさせるようになります。日々の所作を磨き、修行に精進した結果、そのような徳のある美しさが醸《かも》し出されるのです。

姿勢を整え、呼吸を整えると、心が整う。これを禅では「調身《ちょうしん》、調息《ちょうそく》、調心《ちょうしん》」と言い、坐禅の三要素としています。三者が一体となって坐禅が完成し、無の境地を味わうことができるのです。

決して目立つわけではありませんが、周囲を惹《ひ》きつける魅力を持った人が時々います。そんな人は、所作も呼吸も、もちろん心も普段から整っているはずです。

心だけを変えようとしても、人はそうそう変われるものではありません。しかし、日常の立ち居振る舞いなら、意識さえすれば簡単に変えられます。

何も貴婦人のように振る舞えと言っているのではありません。いつも人の目を気にして、自分がどう見えるかばかりに気を取られていては本末転倒です。

何事も心を込めて、ひとつひとつの物事を丁寧に行う。

そう意識するだけで、普段の身のこなしがまったく変わってきます。美しい所作が自分のものとなると、感情をざわつかせるような出来事が起きても、ぶれることなく対処できるようになります。

怒らない「体」3

一〇分でも歩く時間を作る

散歩やウォーキングが体にいいことはわかっているが、実際にやる時間がない。だいたい、自分にはそんな余裕がない。

もしそう思っているとしたら、少し考えを変えてみませんか?

誰もが知っているように、歩くことはさまざまな恩恵をもたらしてくれます。新陳代謝や血の巡りを活発にして健康を促進する効果があるだけでなく、気分が一新されストレス解消にも役立ちます。

それだけではありません。**仕事や家事から離れて、一歩ずつ歩みを進める時間は、季節の移り変わりを肌で感じ、日頃の自分を省みる貴重な時間となる**のです。

めまぐるしい日常の中で、時間はあっという間に過ぎます。「忙しい、忙しい」と言っているうちに一日が終わり、気がつけば、一週間、一カ月、そして一年……。

またたく間に時が過ぎて年の暮れになり、「今年も、一年が早かった」と嘆く人も多いのではないでしょうか。それは、知らず知らずのうちに毎日急かされるように暮らし、自分を振り返る暇もなく、ただ時間を積み重ねているからです。

一〇分でも二〇分でもいい。時間を作って歩いてみましょう。「時間がない」とこぼしながら、テレビやパソコンの前でボーッとしていたり、だらだらとゲームをしていたりすることも、ままあるものです。その時間、歩きやすい靴を履《は》いて戸外に出てみてください。そして大地を踏みしめ、ゆったりとした気持ちで呼吸をしながら歩いてみてください。

いつもは時間を気にしながら早足で駅へと向かう道が、まったく違うものに見えてくるはずです。頬《ほお》をなでる風、季節の草花、近所の庭のしつらえ、新しくオープンしたお店……。さまざまな発見があるはずです。

それらすべてを心ゆくまで味わいながら、歩みを重ねていくと、ギュッと縮まっていた心が少しずつほぐれていきます。自分のペースで歩いているうちに、日常の中で忘れかけていた心のゆとりを取り戻せます。

ただ、ひたすら歩く。その時間の中に、かぎりない豊かさが見つかるはずです。

怒らない「体」4

意識して、体を動かす

スポーツでもアウトドアでも、掃除などの家事でもかまいません。最近、思い切り体を使って汗を流していますか？　激しく動悸《どうき》がするほど、一生懸命体を動かしたことが近頃ありますか？

技術の進歩によって、私たちは便利な生活を手に入れました。その代わりに失ってしまったものが、体を動かし、汗を流したからこそ感じられる充実感でしょう。「生きている実感が持てない」と言う人に、私は、「まず、体を使いなさい」とアドバイスします。実際に体を動かし、自分の鼓動や体温を感じて五感を働かせると、否が応でも自分自身が生きていることを実感せざるを得ないからです。

しかし最近では、自ら意識しなければ、体を動かし何かを体感できる機会はとても少なくなっています。心と体はつながっていますから、体を動かさない分だけ心も淀《よど》んでしまい、不満や迷いがふっ切れず、煮詰まってしまう人も増えているのではないでしょうか。

雲水の修行も徹底的に体を使います。掃除や畑仕事、あるいは、炊事洗濯、備品管理など、寺の運営に関する一切の仕事を「作務」と呼び、修行の一環と捉えて全員で真剣に取り組みます。坐禅や読経とは違う雑事だからといっておろそかにすることは決してありません。そうやって体を動かすことで煩悩を払い、一心不乱に作務に取り組む雲水たちの姿は、実に清々しいものです。

体を使うために、**わざわざジムへ行く必要はありません。おざなりに済ませていた掃除に懸命に取り組んでみる。一駅分歩いてみる。そんなことでいい**のです。

私のお勧めは、普段からエスカレーターやエレベーターを使わず階段を使うことです。初めから一〇階以上は少しきついかもしれませんが、五、六階くらいなら大丈夫でしょう。少し早いリズムで一気に上ると、階上へ着く頃には鼓動が早くなり、うっすらと汗をかいているかもしれません。

狭まっていた視野がグッと広がり、新たなひらめきや充実感が生まれるのは、そんな時です。

怒らない「体」5

思い切り大声を出す

中国の唐の時代に、こんな故事が残っています。禅僧の百丈懐海《ひゃくじょうえかい》が、ある時、師匠である馬祖道一《ばそどういつ》老師から「喝《かつ》！」と大声で一喝され、三日間耳が聞こえなくなった。しかし、その後、懐海はそれまでの迷いから抜けて、悟りを開いたというのです。

三日間は大げさかもしれませんが、師匠の一喝には、全身をビリビリと突き抜けるような衝撃があったのでしょう。ですからこそ懐海は袋小路から脱出し、悟りを得ることができたのです。

落ちこんだり迷ったりすることは、誰にでもあります。「何とか解決したい」「楽になりたい」と焦れば焦るほど、私たちは同じところでグルグルと堂々巡りをしてしまうものです。挙げ句の果ては、「自分はいつもこうだ」と自己嫌悪に陥ったり、

「あいつさえいなければ」と逆うらみをしたり……。

そんな時、頭の中でいくら思考を巡らせても、解決策は見つかりません。気持ちが楽になることもありません。

考えるのをスッパリやめて、自分に大声で「喝」を入れてみてください。**腹の底から響くような大きな声には、瞬時にして一切合切を吹き飛ばしてしまうような強い力があります**。

海や山に向かって叫べればいいのですが、現実的には難しいですね。

気軽に大声を出せるところが身近にあります。そう、カラオケボックスです。カラオケなら、誰に遠慮することなく思う存分大声を出せます。好きな曲を思い切り歌えば、ストレス発散にもなり心がスッキリするでしょう。

読経にも、大きな効果があります。お経なんて難しそうと思うかもしれませんが、初心者でも参加できる読経会が各地のお寺で開催されています。

最初は意味などわからなくてもいいのです。全身全霊を込めておなかから声を出す。これがポイントです。無心になって、ただひたすら声を出していると、それまでの悩みなど吹き飛んでしまうでしょう。

怒らない「体」6

自然の中に身を置く

木漏れ日が美しい森の中、鳥のさえずりが遠くから聞こえ、心地よい風が梢を吹き抜ける……。

そんな場所に行くと、思わず大きく伸びをしたくなりますね。

自然の中では、私たちは心身ともに解放され、日頃のストレスを手放してリフレッシュできます。なぜなら、人間も自然とともにある動物だからです。

なんとなく気分がくさくさする時、人のことがうらやましく見えて仕方ない時、身近な自然の中に出かけてみてください。山でも海でもかまいません。煩《わずら》わしいしがらみから離れて、大きな自然に身をゆだねてみるのです。

打ち寄せる波音を聞き、ひとすくいの砂の手触りを楽しみ、潮風に吹かれながら散歩する。山道を一歩一歩踏みしめ汗を流し、山頂の景色を堪能しながらおにぎりをほおばる。疲れているなら、眼前の景色を眺めつつ、時間を忘れてただひたすらボーッとする。それだけでも十分です。

普段の生活では決して味わえない、何ともいえない解放感が湧《わ》いてきて、卑屈《ひくつ》な心や頑なな気持ちが解きほぐれていくでしょう。

本来、私たちの先祖は、昇る朝日に手をあわせ、満ちては欠ける月を愛《め》で、自然と一体となって暮らして来ました。四季の移り変わりを敏感に感じ取り、繊細な感性を育んできたのです。

しかし、忙しい日々の中で、私たちの五感は次第に鈍くなっているのではないでしょうか。これでは、世界に誇るべき日本人の感性がどんどん衰えてしまいます。

「柳緑花紅（やなぎはみどり　はなはくれない）」という禅語があります。柳は緑色に、花は紅色に、それぞれありのままの姿で私たちの前にある。その姿の中にこそ、永遠の真理があるという意味です。

自然は、いつも私たちにあるがままの姿を見せてくれています。その姿と向きあう時、私たち自身もあるがままになれるのです。その時、日常では決して出会うことのない、新しい自分を発見するはずです。

怒らない「体」7

野菜中心の和食を、感謝していただく

先ほど、寺に入山した雲水たちが、ひと月もすれば表情や所作がガラッと変わり、引き締まってくるとお話ししました。

規律正しい生活や坐禅、読経などの効果ももちろんあります。しかし、もうひとつ彼らの変化を引き起こす要因があるのではないかと、私は考えています。

それは、野菜中心の質素な食事です。修行中の朝食は、おかゆ、ゴマ塩、香の物。昼食は、麦の入ったご飯、味噌汁、香の物。夕食は、昼食に「別菜」と呼ばれる煮物などの簡単なおかずが一品つくだけです。動物性のものは一切ありません。皆、入山ひと月もすれば、軽く一〇～一五キロは体重が落ちます。

慣れるまでの空腹感は並大抵のものではありませんが、しばらくしてその食事に慣れると、**頭が非常にクリアになり、身のこなしが軽やかになってきます**。また、肌もツヤツヤになり、入山前よりも健康的になります。

一方、スポーツ選手や格闘家は、試合の前にステーキや焼き肉など、肉をしっかり食べないと闘争意欲が湧かないという話も聞きます。

何を食べるかは、私たちが思っている以上に、その人の精神状態に影響を与えているのではないでしょうか。

和を重んじる日本人の穏やかな国民性は、海に囲まれた国土に住む農耕民族として、野菜や豆類、海藻、魚などを中心に食べてきた食事が培《つちか》ったように思います。同じように、欧米人はかつて狩猟民族として動物を狩り、肉中心の食生活で闘争心や独立心を得てきました。最近ではキレやすい若者が増えていると言いますが、その遠因には食事の欧米化もあると言っていいかもしれません。

日本古来の和食は栄養バランスに優れ、今世界でも注目されています。

穏やかな心を取り戻すためにも、和食のよさを我々日本人が改めて見直す時期に来ているのではないでしょうか。

また、食事の前後に手をあわせ、食事を作ってくれた人や生産者、食材を運んでくれた人、そして食材の命に感謝する素晴らしい風習もぜひ見直したいものです。

怒らない「体」8

ゆっくりお風呂に入る

修行僧がいる禅寺には、三黙《さんもく》道場と呼ばれる場所があります。

坐禅を組んだり生活の中心となる僧堂、トイレ（東司《とうす》）、そして、お風呂（浴司《よくす》）の三カ所で、ここは神聖な場所とされ、一言も言葉を発してはいけません。

僧堂はともかく、トイレやお風呂で悟りを開くと言われても、ピンとこないかもしれません。しかし、トイレでは烏芻沙摩明王《うすさまみようおう》が、浴室では跋陀婆羅菩薩《ばつたばらぼさつ》が悟りを開いたと言われ、今でも禅寺のトイレと浴室にはそれぞれの仏様が祀《まつ》ってあります。

実際に悟りを開けるかどうかは別として、トイレやお風呂で良いアイデアがハッとひらめいたという経験をした人は多いのではないでしょうか？

特に、心も体もゆったりとくつろげるお風呂では、今日も一日無事に終わったという安堵感《あんどかん》も手伝って、思わず膝《ひざ》を打ちたくなるような斬新な発想が浮かぶものですす。私自身も、庭園造りの新しい着想が浮かんできたことが何度もあります。

日中張り詰めていた緊張の糸がほぐれることで、思い込みや固定観念がすべて取り払われ、心が柔軟になるからでしょう。

また、**疲れた体を湯船にひたしていると、それまでは一面からしか見えなかった人間関係を別の角度から見ることができるようにもなります。**

「つい言い返してしまったけれど、自分にも反省すべき点があったかもしれない」

「一方的に非難したが、相手の言い分も聞くべきだった」

そうやって、昼間は「許せない」と思った相手の立場を思いやる余裕も生まれます。

ただし、熱いお湯ですと心身を行動モードにする交感神経が活発になってしまいます。ですから、リラックス状態をもたらす副交感神経を活性化するよう、少しぬるめのお湯に入りましょう。

「簡単だから」とシャワーで済ませたり、カラスの行水でサッと湯船から上がったりする習慣のある人は、ぜひ今夜ゆっくり湯船に浸かり、手足をのびのびと伸ばしてみてください。

怒らない「体」9

寝る前は、静かで落ち着いた時間を過ごす

「最近、あまり眠れないんです」「朝起きた時、昨日の疲れが抜けていないんです」こんな言葉をよく耳にします。そうおっしゃる方に「寝る前に何をしていましたか」と訊ねると、こんな答えが返ってくるのです。

「パソコンを使っていた」「テレビを見ていた」「携帯電話でメールしていた」。あるいは、「同僚と飲んで深夜に帰宅し、シャワーだけ浴びてすぐ寝た」……。

それではぐっすり眠れるはずもないし、疲れが取れるはずもありません。

慌ただしい日常を引きずったまま横になっても、頭の中が切り替わっていないため、寝つけないのは当然なのです。目を閉じると日頃の気がかりや心配ごとが浮かんできて、体は疲れているのに心は忙しく考えごとを始めてしまいます。また、夜の闇はネガティブな思いを増幅させてしまいますから、次から次へと悪いほうへ考

えがいき、いつまでも悶々《もんもん》とした時間だけが過ぎていくことになりかねません。

大切なのは、頭の切り換えです。**寝る前の時間の過ごし方によって、睡眠の質がまったく変わってきます**。

時間に余裕があれば、三時間前から睡眠モードに入る準備を始めましょう。神経を高ぶらせるテレビやパソコン、携帯電話はやめ、ゆったりとしたパジャマやスウェットに着替えて体をリラックスさせます。好きな音楽でもかけ、できれば部屋のライトも少し落としましょう。癒し効果の高いアロマオイルを焚《た》くのもお勧めです。香りは脳に直接働きかけるため、次第に心身が落ち着いてくるでしょう。

ヨガやストレッチで体を解きほぐし、女性なら肌の手入れを丁寧にやってみる。時間がなければ、三〇分でもかまいません。とにかく、自分自身が、「気持ちいいなあ」「心が落ち着くなあ」と感じる時間を、たっぷりと味わってください。

その日一日、思い通りにいかなかったこともあるかもしれません。しかし一日を無事終え、自分のための時間を過ごしている。その幸せに気づけると、自然に「ありがたいなあ」という思いが浮かんでくるはずです。**感謝の思いとともに安らかな気持ちで眠りにつけば、きっと気持ちのいい朝が待っているで**しょう。

怒らない「生活」1

早起きする

あなたの朝は、毎日どのように始まっているでしょうか？

「あ！　寝坊した」と慌てて飛び起き、洗面や食事もそこそこに家を出て、途中で忘れ物に気づき引き返す。「もっと早く起きればよかった」と後悔しながら職場に向かい、準備が整わないまま会議や打ちあわせが始まって、メールの返事や伝票整理は後回し。時間に急かされておざなりにすませた身支度ですから、自分に自信が持てず、一日中どことなく落ち着かない……。そんな状態ではありませんか。

仏教では、原因と縁が結ばれ、結果が生まれると考えます。この世のものはすべてお互いの関わりあいによって生じている。よい原因を作れば、よい結果に恵まれるが、悪い原因しか作れなければ、それなりの結果しか得られない。

それが、世の理《ことわり》。ここをしっかり肝《きも》に銘《めい》じておく必要があります。

一日の「因」は、朝にあります。朝をどう過ごすか。その日一日の縁がどのように結ばれるのかは、そこにかかっているといっても過言ではありません。慌ただしく始まった朝が、どんな結果を生むかはもうわかりますね。

では三〇分早起きして、余裕を持って一日を始めたとしたらどうなるでしょう。新聞でも読みながらゆっくり朝食を済ませ、その日の気分にあったコーディネイトを選び、身支度も完璧。「よし!」とやる気に満ちて家を出ると、通勤途中に四季の変化に目を留めるゆとりも生まれます。仕事の段取りもある程度イメージできていますので、効率よく作業を進めることができます。

さらに朝の時間をうまく使えば、ストレッチやウォーキングなど、体を動かす時間も作れるかもしれません。または、近くのカフェに行き、英会話の勉強や読書など自分磨きの時間にすることもできます。近年は「朝活」と称して、勉強会や朝食会などを開く活動もあるようです。

縁起のよい一日にするためにできること。それは、早起きをしてみることです。苦手意識を少し脇に置いて、試しに一度三〇分早く起きてみてください。その日一日を爽快に過ごせ、良果が手にできることを約束しましょう。

怒らない「生活」2

朝、テレビをつけない

早起きの次に、朝を変えるためのポイントがあります。それは、「テレビをつけないこと」。朝起きてテレビのリモコンをすぐ手に取らない。これだけで、朝の過ごし方が大きく変わります。そして、その日一日がまったく違ったものになります。

もしあなたがニュースや情報番組を毎朝見ているとしたら、それはなぜでしょう？　ただの「習慣」によるところが大きいのではないでしょうか。

時計代わりにしたり天気予報を見たりするために、なんとなくテレビをつけているだけで、真剣に画面を見ている人はほとんどいないはずです。

それでも、テレビから流れる映像や音声には、想像以上に大きな影響があります。

朝の清々しい頭に、悲惨な事件や事故の報道、必要のないお店や商品の情報などが勝手に侵入してくることになるのです。

ただでさえ、情報が波のように押し寄せてくる時代です。朝から晩まで無意識に情報を受け取っていたら、心が休まる暇はありません。情報を鵜《う》呑《の》みにして右往左往したり、必要のない知識に惑《まど》わされてばかりいたとしたら、いったい、いつ自分の人生を生きればいいのかわからなくなってしまいます。

「情報をまったく入れなければ、社会から取り残されてしまうじゃないか」という人は、新聞の朝刊を読んでください。それで必要な情報は十分手に入ります。ラジオの存在を見直すのもいいでしょう。手軽に主要なニュースに触れられます。テレビを消してみると、いつもと同じ朝の支度が、実にスムーズに進むのを感じられるでしょう。食事や身支度をしながら画面に目が奪われている時間がなくなり、ひとつひとつの段取りに意識を向けて丁寧にやるようになるので、かえって手早くことが進むのです。

空いた時間をストレッチや掃除にあて、仕上げにお茶でも飲んで一息つきましょう。五分ほどでもいいので坐禅を組むと、さらに心が落ち着きます。**四六時中忙しく働いている頭をしばし休めてあげる**のです。その時は、心のおしゃべりも小休止。きっと朝から気力が充実し、その日一日よい縁起を結べるはずです。

怒らない「生活」3

一日のスケジュールを決める

やるべきことが決まっていて、それに集中している時、一日はまたたく間に過ぎてしまいます。夕方「あ、もうこんな時間か」と気づいた時は、心地よい充実感に満たされ、集中度に比例して満足できる成果が上がっているものです。

禅の修行を修める雲水の一日は、まさにそんな毎日です。「歩歩是道場《ほほこれどうじょう》」という言葉があるように、禅では一日のすべてが修行の場。朝四時の起床後すぐに、坐禅と読経。その後、掃除をして朝食……という具合に、夜九時の就寝まで、スケジュールがみっちり決まっています。もたもたしていては、そのスケジュールをこなすことができません。また、作法を少しでも間違うと、先輩（古参和尚）の檄《げき》がすぐ飛んできます。ですから、全身全霊を込めてひとつひとつのことに打ち込みます。

それが肉体と精神の鍛錬《たんれん》となり、修行が完成していくのです。禅の修行とは、坐ることだけではなく、黙々と体を動かし、目の前のことにひたすら無心に取り組むこと。つまり「行いを修めること」なのです。

どのような立場や年齢であっても、皆自分の「やるべきこと」または「やりたいこと」を、毎日それぞれ一生懸命やっているでしょう。

働いていれば仕事がありますし、そうでなくても、家事や日常の雑事、趣味、レジャー、食事や入浴などにいたるまで、「やること」は、次から次に出てくるものです。しかし、一日を通して、自分のやるべきことの細かな段取りや時間配分まで、きちんと決めている人は少ないのではないでしょうか？

一日の手順をあらかじめ決めていないせいで、「忙しい」とこぼしながら、ついネットやテレビ、メールのやりとりに時間を使ってしまう。いつも行き当たりばったりで効率が悪く仕事がはかどらない。そんな状況の人も多いように見受けます。

気持ちばかりが焦って「どうしよう」と考えあぐね、モヤモヤした時間を費やしてしまう……。実は、色々な邪心《じゃしん》、迷いや不安などが生まれるのは、そんな隙間の時間です。やるべきことが見えていないので、ついネガティブな方向へと思考が向かってしまうのです。

一度きちんと時間を取って、一日のスケジュールを考え決めてみましょう。

生活のリズムが整えば、心が整います。頭で考えただけでは、すぐにうやむやになるのは目に見えていますので、ここでは紙に書き出すことが重要です。

仕事中はもちろん、朝起きてから寝るまで、自分のやることすべてに時間を割り振るのです。それを手帳なりカードなりに書き込んでおけば、あとはその通りに淡々と実行するだけ。邪念が湧く暇はありません。また、「これだけはやっておきたい」と日頃考えていてなかなか取り組めない勉強や自分磨きの時間も確保できます。

もちろん、途中で予定が狂うことはあるでしょう。その場合は、決めたスケジュールに固執せず、臨機応変に対処すればいいのです。特に、夜は余裕を持たせたほうがよいので、あらかじめゆったりとした時間配分でいいかもしれません。

毎日の動きをシステム化すると、あれこれと思い悩むことなく、落ち着いて目の前のことに没頭できるようになります。また、いつも穏やかな状態でいられるので、日々の精神状態が目に見えて安定してきます。

さあ、明日の朝一番、何から始めますか?

怒らない「生活」4

掃除をする

禅寺に足を踏み入れた時にピンと張り詰めた空気を感じて、思わず背筋がしゃんと伸びる思いをしたことはありませんか？

これまでお話ししてきたように、掃除は禅修行の基本のひとつ。雲水たちは、徹底的に掃除のやり方をたたき込まれ、朝に夕に、隅々まで本堂をはじめ各建物内を磨き上げ境内を掃き清めます。

掃除とは、心を磨くこと。鏡のように光った禅寺の廊下や床は、一点の曇りもない本来の自己を表しています。そのように清められた空間と向きあう時、自然に人は襟を正し、神妙な気持ちになるのです。

お寺も神聖な場所ですが、尊い仏性を持つあなたが住む家も、同じように聖なる場です。一日を終えて玄関の扉を開けた時に迎えてくれるのが、雑然と散らかった部屋だったとしたら、そこは「尊い自分」にふさわしい場所でしょうか？

パジャマは脱ぎっぱなし、シンクの中には汚れた食器。テーブルの上は物だらけでは、帰宅後にくつろぐどころか、イライラの原因の中で暮らしているようなもの。本来は捨てるべきゴミ、片づけるべき洋服や雑誌。そして、床の隅にたまったホコリ。それらがすべて「雑音」となって、あなたの心に不協和音を奏でるでしょう。

禅が目指す理想は「あるべきところに、あるべきものが、あるべきように」というあり方です。あるべきところにあるべきものがスッキリと収まっていると、心もスッキリと整ってきます。禅寺に行くと心が澄み渡るように、どんな場所であれ**清浄に整えられた空間は、心を美しくクリアにする力を持っている**のです。

同じように掃除をする行為そのものも、あなたの心を輝かせる力を持っています。

気持ちがなんとなく晴れない時、どんよりとした気分が抜けない時、心の曇りを取り払い、自分を磨くつもりで徹底的に部屋の掃除をしてみましょう。

ギュッと雑巾を絞って窓を拭く、隅々まで丁寧に掃除機をかける、乾いた布で家具や電化製品を磨き上げる。そんな作業に没頭していると、心を淀ませていた澱《おり》がいつの間にか消えているのに気づくでしょう。

心の雑音を消したいなら、部屋をできる限り簡素にすること。必要な物しか置かないシンプルな空間にすることです。

無駄なものを極限までそぎ落とした禅寺の庭を見ていると、心が静まりますね。あの庭のようにさっぱりとした空間作りを目指してみてください。

真っ先にやるべきことは、不要な物をすべて捨てること。捨てるのが苦手な人は、自分なりの基準を決めましょう。

二年着ていない服は処分する、手紙やハガキ類は箱一杯分だけ残して捨てる、読み終わった雑誌は必ずリサイクルに出すなど、部屋の広さとライフスタイルにあわせて基準を決めてしまえば、片づけのたびに迷うことはありません。

そうやって必要のない物を手放し、ホコリや汚れを払っていくと、それまで抱え込んでいた悩みやストレスもゴミと一緒に手放していけます。気がつくと、部屋が整然と片づくにつれて、心が軽くなっていくのがわかるはずです。

端正に整えられた部屋には、独特な清々しさが漂います。そこに一輪の花を飾れば、精いっぱい命を輝かせるその可憐な姿に心が潤《うるお》うでしょう。

本当の意味で自由な生き方は、そんな空間から生まれるのです。

怒らない「生活」5

本当に必要な物だけを買う

今あなたの部屋にある物の中で、本当に必要な物、これからも大切にしたい物は、いったい何割くらいあるでしょう。

すべて大切だし必要だ。あなたは、そう言い切れますか？　一度も使ってない便利グッズ、もう着ない流行遅れの服、記念に買ったけれど飽きてしまった土産物。多くの人は、そんなものに囲まれて暮らしているのではないでしょうか。

人は裸で生まれてきます。死ぬ時には、何もあの世に持っていけません。

それなのに、なぜ、こんなにもたくさんの物が集まってきたのでしょう。

それは、もちろんあなたが自分で買ったからです。人からプレゼントされたり、譲ってもらったりした物もあるでしょう。しかし、たいていは「かわいくてついほしくなったから」「あると便利そうに見えたから」「人が持っていたから」……。そんな理由であなたが買い求めた物。なのに、なぜ今はもう色あせて見えるのか。

その理由は、あなたが「本当に必要な物」だけを真剣に吟味《ぎんみ》しなかったからです。

ほしいから買う。そう思っている限り、私たちの心が休まることはありません。

心を整えたいと思ったら、「ほしい」から自由になることです。逆に言えば、「ほしい」から自由になれば、心は重い足かせを外して軽やかになれます。人と比べて苛立ったり、持っていない物に目を向けて落ちこんだりする必要もなくなります。

そのために、まずは引き算から始めましょう。思い切って、不要な物を徹底的に処分するのです。その後、スッキリとした空間の中で、自分にとって本当に必要な物は何か、一度真正面から向きあってみてください。すると、**「本来の自分」が実は何を大切にして生きていきたいと思っているかが見えてくる**でしょう。見栄を満足させたり体裁を繕《つくろ》うためのものは、もう必要ないということがわかるでしょう。

あとは、その新しい生き方にあった物だけを選ぶのです。

それでも、ちょっと町を歩くと誘惑だらけかもしれません。衝動買いしそうな時は、大きく深呼吸。「本来無一物《ほんらいむいちもつ》」。人は本来何ひとつ持っていない存在だ。この禅語を思い出してください。

怒らない「生活」6

身だしなみを整える

たとえば、ランニングやウォーキング、山登りなどを始める時に、最新のウェアや靴のみならず、帽子やサングラスに至るまで完璧に買いそろえる人がいます。いわゆる「形から入る」タイプですが、やる気を高め初志を貫くために、これはとても有効な方法です。

自分が何を着るかは、その人の心の表れ。ウェアをきちんとそろえるということは、「私はかっこよくランニングしたい」「気持ちよく歩きたい」という意欲の表明でもあります。ありもののジャージやTシャツを引っ張り出して、適当な出で立ちでお茶を濁《にご》す人より長続きもすれば、効果が出るのも早いでしょう。

よく俳優が、「役の衣装を着るとその人物の気持ちになりきれる」と言いますが、着るものが人の気持ちに与える影響はあなどれません。

よれよれのTシャツや何日も洗濯していないシャツ、シワのついたジャケットなどを平気で着ているようでは、「私は身だしなみを整えることもできない、いい加減な人間です」という札をつけて歩いているようなものですが、何より、そんな服を身につけている自分自身の心が、無意識のうちに殺伐《さつばつ》としてなげやりなものになっているはず。

心のありようを変えたいと思った時、まず形から入るのはとても大切なことです。

何も最新の流行を追い、自分を飾り立てろと言っているのではありません。会った人にさわやかな印象を与えるこざっぱりとした服装、髪や爪、靴など細かいところにまで気を配った清潔感のある装いを心がけることが、自分が心地よく過ごすうえでとても大切だということに気づいていてほしいのです。

また、身だしなみに気を配るのと同様に、よい姿勢を保つよう心がけてください。

禅には「威儀《いぎ》即仏法《そくぶっぽう》」という言葉があります。居住まいを正して、きちんとした身のこなしをすることが、仏の教えを実践することにつながるという意味です。

あごを引いて背筋を伸ばし、おなかに力を入れてしっかりと地を踏みしめて立ちましょう。あなたの生き方が、あなたの立ち姿と同じく凜としたものとなるように。

怒らない「生活」7

お茶を味わって飲む

私たちが普段何気なく飲んでいるお茶は、古来、特権階級しか飲めない貴重品でした。その伝来には諸説ありますが、一般的には平安時代に遣唐使として中国に渡った僧が、日本に持ち帰ったものだと伝えられています。

煎茶が発明される江戸時代までは、お茶と言えば抹茶が主流。禅の影響を受けて発達した茶道は、当時一般庶民には手の届かない知識階級のものでしたから、いつでもペットボトル入りのお茶が買える現代は、夢のような時代かもしれません。

お茶にはさまざまな薬効成分があることがわかっていますが、一番の「薬効」は、たった一杯でホッと一息つけること、しみじみとリラックスできることでしょう。

初めての訪問先で出されたお茶で、渇いたのどを潤し緊張をほぐした経験や、煮詰まった会議の場で新しいお茶が出たとたん、場が打ち解けて意見が活発に出始めたという経験をしたことがある人は多いはずです。

また、昔は朝食を食べる時間もなく出かける家族には、母親が「お茶だけは飲んでいきなさい」とあたたかいお茶を飲ませて見送ったものでした。

このように、日本人の生活の一部として欠かすことのできないお茶ですが、これからは、今までと少し違った味わい方をしてみませんか？

お茶をいただく時に、お茶と自分とが一体化するくらい、飲むという行為そのものに没頭してみるのです。手に伝わるあたたかさ、かぐわしい香り、舌に広がる甘味や渋味、のどを通る時のまろやかさ。お茶を一杯飲むだけで、こんなにもさまざまな感覚が味わえるのかと驚くでしょう。「えっ、そんな面倒くさそうなことできるかな？」と戸惑うかもしれませんが、大丈夫。**湯のみを持ったら日頃の悩みはすべて忘れ、お茶を飲むことだけに集中すればいい**のです。

「今」というこの瞬間に、ただ一心にひたりきることを、禅では「喫茶《きっさ》喫飯《きっぱん》」と言います。ただひたすらお茶を味わい、ただひたすら食事することに没頭すると、真理が見えてくるということです。この喫茶喫飯を意識するだけで、お茶を飲むという日常の行為が、精神修練の絶好のチャンスになります。

怒らない「生活」8

風の心地よさを感じる

私が住職を務める建功寺の境内は樹木や草花が多く、四季折々の姿で心を和ませてくれます。朝、この境内のほんの一角、本堂前の掃き掃除をするのも私の日課のひとつ。この時間は、季節の移り変わりを肌で感じる貴重な時間です。

出張のない日は、ほぼ毎日、決まった時間に本堂前を掃いていますが、一日として同じ風、同じ景色、同じ空の色はありません。

「ああ、季節が移ったのだな」と、真っ先に教えてくれるのは、風の冷たさやあたたかさです。枯れ葉を舞い上げる木枯らし。木立を吹き抜けるさわやかな夏の風、やわらかく頬をなでる春風……。冬は手足の先が痛くなるほど冷たくなり、夏は少し動くと汗だくでヤブ蚊の攻撃もありますが、それを補ってあまりあるほどの恩恵を、いつも境内で過ごすこの時間からは受け取っています。

しかし、このような日本独特のきめ細やかな季節感が、最近ではめっきり感じられなくなってきました。コンクリートの建物、冷暖房の効いた部屋、一年中同じ野菜の並んでいるスーパーでは、四季を感じろと言われても難しいでしょう。特に都市部で忙しく働いていると、クリスマスやバレンタイン、季節ごとのセールといったイベントでしか、季節を感じるチャンスに恵まれないということもありそうです。

しかし、どんな場所で暮らしていても、季節の風はいつも吹いています。

朝玄関を出る時、一日の仕事を終えて家路につく時、買い物に出かける時、その日吹いている風に意識を向けてみてください。空気の温度や湿り具合を、香りを感じてみてください。そして街路樹を揺らす風の音に耳を傾けてみてください。

「今日の風は、さわやかだな」「鼻先が冷たい。もう冬だな」

そんなふうに、毎日意識してみるのです。すると次第に感性が磨かれ、町中のちょっとした自然に目を向ける習慣が生まれます。大都会でけなげに生命を紡《つむ》いでいる道ばたの草花や、鳥たちの存在に気づけます。

どんな場所にいても、自然の一部として私たちは生かされている。そのことに思い至った時、心が広々として、大きく深呼吸するような感覚を味わえるでしょう。

怒らない「生活」9

「一日一止《いちにちいっし》」を心がける

「一日一止」とは、中国の言葉です。

「一日に一度立ち止まれば、正しい生き方ができる」という意味。「一」と「止」をあわせると「正」という文字になりますから、なるほどと腑《ふ》に落ちる言葉ですね。

禅にも「七走一坐《しちそういちざ》」という言葉があります。文字通り「七回走ったら、一度は坐れ」という意味で、走り続けることは絶対にできない。しばらく全力で走ったら一度休息を取り、おのれの走りを見直すことが大切だと教えています。

「走りながら考える」という人もいますが、それでは「走ること」そのものに集中できません。迷いや不安の中で走り続けても、能力を出し切ることはできないでしょう。また、超人でもないかぎり、人には必ず限界があります。息切れを起こして結局はリタイアしたり、体や心を痛めつけてしまったりする結果になりかねません。

つまるところ、目的地へ早く行こうと思ったら、定期的にゆっくり休んで英気を養い、この態勢でいいのか、ペース配分は間違っていないのかを見極めて、また走り出すということが一番有効なのです。

休むべき時にきちんと休めない人は、結局がんばるべき時にがんばることができません。物事に集中するための気力や体力が充実していないからです。**テンションを上げてがんばる時間と心身ともにリラックスする時間、両者のメリハリを上手につけられる人は、心にゆとりが生まれ、スムーズに自分の力を発揮できるようになります。**また、周囲の人へも余裕を持って対応することができます。

さて、では「一止」の時間をどこに持ってくればいいでしょう。

私がもっとも効果があると考えるのは、朝の時間帯です。「忙しい朝にそんな時間を取れるわけがない」と多くの人は思うでしょう。しかし、前にもお話ししたように、朝を制する者は一日を制すると言っていいくらい、朝は大切な時間です。

夜のほうが落ち着くという人は寝る前でもかまいません。昼休みに短時間昼寝するのも、効果的な「一止」になります。一日一度足をとめ、歩む道を確認しながら進んでいくと、いつしか自分が確かな道のりを歩いてきたことがわかるでしょう。

怒らない「生活」10

心を込めて、料理をする

道元禅師は、作務のひとつである料理を、掃除と同じように大切にしました。

禅寺では、「典座」と呼ばれる料理担当者になることは非常に名誉であり、同時に大きな責任を担うことになります。禅僧たちにとって食事とは、修行を完成させるために食べる大切なもの。その食事を作る料理そのものも修行の場だからです。

道元禅師が典座の心得を説いた『典座教訓』には、料理を作る者が忘れてはならない三つの心がけとして「喜心《きしん》」「老心《ろうしん》」「大心《だいしん》」の「三心」が挙げられています。

それぞれ、食事を作ってもてなすことを喜ぶ心、老婆のような丁寧さで相手を思いながら料理する心、物事にとらわれず大きな気持ちで料理を作る心のこと。

料理をするとは、その食材の命をいただくということです。ですから、精進料理では大根の切れ端やニンジンの皮を捨てたりすることはありません。また「古くなっているから」「安かったから」という理由で、食材を捨てたりおろそかに扱ったりすることもありません。

すべての食材を使い切り、その味を生かすよう料理することで、いただいた食材の命を生かすのです。食べる人を思う心と食材に対する感謝を持って、手間と工夫を惜《お》しまず全身全霊で料理をするのが、典座の誇りです。

あなたが作った料理を食べる人。それが、家族であっても、友だちや恋人であっても、また自分自身であっても、あなたの料理がその人の体を作り、エネルギーとなり、明日の糧《かて》となります。縁あってあなたのもとにやってきた食材に感謝しながら、心を込めて料理という尊い「修行」を行いましょう。

道元禅師は、「道を求める心がなければ、典座という役割はただつらいだけだ」と書いています。修行僧にとっては仏道を極めようとする信心が大切ですが、皆さんに**大切なのは、よく生きようとする心。そして、料理することや食べることを楽しむ心**ではないでしょうか。

料理や季節にあった器を選んだり、食卓に花を飾ったりするだけで、食事の時間が心和むものになります。ぜひ工夫しながら料理という修行を楽しんでください。

怒らない「生活」11

人の長所を見つける

一緒にいると、なぜか気持ちがほっこりと和らぐ人がいます。そんな人は、たいてい笑顔が素敵な人、物腰が穏やかな人。そして、人の「いいところ」を見つけるのが上手な人です。

「ありがとう、気が利くね」「いつも素敵な服を着ているね」「すごい、もうできたの！」そんなふうに、ほんのちょっとしたことでも、気がつくとすぐに言葉にしてほめてくれる人。あなたの周りにもいませんか？

人の短所ばかりを見る人と、長所に目を向ける人。どちらが幸せかは、言うまでもないでしょう。

しかし、いざ人のいいところを探そうとすると、これが意外に難しいものです。

普段から好ましく思っている人なら、「優しい」「頼りになる」「センスがいい」など、すぐに挙げることができるでしょう。しかし、なんとなく苦手だなと思っている人。もっと言えば、「この人嫌い」と思っている人の長所を探せと言われても、「長所なんか、ないし!」と毒づきたくなるのではないでしょうか。

しかし人間は、多面的な存在です。普段は怒号混じりに部下を厳しく叱責する鬼上司が、ペットの猫には赤ちゃん言葉で話しかけていたり、虫ひとつ殺さないような顔をした物静かな女性が、実は武道の段位を持っていたり……。「へえ、あの人が!」と言いたくなるような話を誰しもひとつやふたつ聞いたことはあるでしょう。

どんなに嫌いな相手でも、あなたが嫌っているのはその人の一面にしか過ぎません。その一面だけを捉えて拒否感や嫌悪感を持っているのだったら、いっそのこと「好ましい一面」を探したほうが、何よりあなた自身にとって得策というものです。

では、どうやって苦手な相手の長所を探しましょうか。

まずはかけていた**色眼鏡を外して、今日初めて会った人だと思い、相手と接してみること**です。「意外にメモの字がきれい」「会議の仕切りが上手」。今まで気づかなかった面が見えてくるのではないでしょうか。それを、ぜひ言葉にして伝えてみてください。とらわれのないしなやかな心。これも、禅が教える基本のひとつです。

怒らない「生活」12

何かひとつ、やめてみる

「そろそろやめたい」と思っていても、実際にやめるのはなかなか難しいというものがあります。たとえば、入会したのにずっと通っていないフィットネスクラブや夜更かし、煙草やアルコールなどは、その最たるものではないでしょうか。

しかし**生活を変えたいと思った時、「やること」を新たに加えようとするより、「やらないこと」をまず決めたほうが、早く変化することができます。**その分だけ心と時間にゆとりが生まれ、暮らしに新しい風を呼び込む準備ができるからです。

最近、特に若い世代の人たちを見ていて、私が「やめたほうがよっぽど楽に生きられるのではないかな」と思っているものがあります。

それは、ツイッターやフェイスブックなどのSNS（ソーシャルネットワーキングサービス）です。加えて、パソコンや携帯電話、テレビに費やしている時間も、やめろとまでは言いませんが、半分以下に減らしてみたらその時間がどんなに有効に使えるだろうと思います。また、ブログも明確な目的があるならいいかもしれませんが、更新やネタ探しに時間を取られている人を見ると、「ブログを書くために生きているのだろうか」と首をかしげてしまいます。

ＳＮＳに参加する目的が、人とつながることだというのはよくわかります。他者と関わり刺激を与えあうことは、人間的に成長するために大きな役割を果たします。また、友と結ぶ深い友情は、人生をこのうえなく豊かにしてくれます。

しかし、今インターネット上で交わされているメッセージやメールのやりとりで、本当にお互いを認めあい、高めあえる強いつながりができていると言えるでしょうか。私には、多くの人が、ただ「寂しいから」「時代に取り残されたくないから」といった理由で群れているだけに見えて仕方ありません。

ＳＮＳに限らず、「みんながやっているから」「一度始めてしまったから」そんな理由で続けているものはありませんか？　もし、本気で変わりたいと思っているのだったら、ひとつだけでかまいません。早速、今日からやめましょう。

思い切って「仕分け」を実行してみると、毎日に新風が吹き込んできますよ。

怒らない「生活」13

ひとつのことをやり終えてから、次に移る

理想的な時間の使い方とは、どんなものでしょうか?

数々の名言を残したことで知られる唐代の趙州《じょうしゅう》禅師が、弟子の問いに対して、次のような言葉で答えています。

「汝《なんじ》は十二時に使われ、老僧は十二時を使い得たり」

十二時とは、現代の二四時間のこと。答えの意味は、「お前は時間に使われて生きているが、私は時間を使い切っている」ということです。

たとえば、「あ、もう終了予定の時間だ。議論の途中だけど、今日はここまで」というのが、時間に使われている状態。「予定時間は過ぎたけど、もう少しで結論が出そうだ。あと少し話しあいましょう」というのが、時間を使い切っている状態です。

自分が決めたスケジュールに従ってつつがなく行動していけば、時間を有効に使

っているように見えるかもしれません。ところが、長い目で見ると、意外にそうではないのです。今の例ですと、前者は結論を出すために、再び会議を開かなければなりません。すると、前回の確認から始めなければならないため、結局は時間も手間も、後者の倍以上かかるでしょう。

一〇分や二〇分のことであれば、他の部分で時間調整をして、自分のやるべきことや懸案事項を最後までやりきってしまったほうが断然いいのです。

自分が決めたスケジュールを守れないと「予定が狂った」「邪魔が入った」と、急に不機嫌になったり、焦って浮き足だってしまう人がいますが、それは時間に使われている状態です。自ら決めたことで苛立ったり気分を損ねたりしているのですから、自分で自分の首を絞めているようなものなのです。

とにかく眼前のことに没頭して、やるべきことをひとつひとつ完了させていくと、忙中閑《ぼうちゅうかん》あり。忙しい中にも、エアポケットのようにフッと空いた時間が生まれます。物事を成し遂げた人は、皆日常の中にそんな「間」を持っています。「成功者」と呼ばれる人は、そのようにして自分を見つめる時間を作っているのです。

時間は自分が主体となり「使う」もの。決して「使われる」ものではないのです。

怒らない「生活」14

「忙しい」「疲れた」と言わない

「ありがとう」「お疲れさま」「気をつけてね」。そんな短い声かけでも、真心を込めて送った言葉であれば、相手を元気づけ明るくしてくれます。

あなたもきっと、「人には優しい言葉を」と、日頃から気を配っているでしょう。しかし、一番大切な自分にかける言葉には、案外無頓着なのではないでしょうか。普段何気なくつぶやいている言葉、心の中で思わずこぼしてしまう言葉に、あなたは自分を励ますための優しさや愛情を込めているでしょうか。

「ああ、忙しい」「疲れたなあ」「もう嫌だ」「自分なんて」。そんなネガティブな言葉を心の中でくり返してはいませんか？

言葉に大きな力があることは、日本人なら感覚的に誰もが理解しているはずです。その証拠に、冠婚葬祭や受験時などには、「別れる」「落ちる」など使ってはいけない言葉「忌《い》み言葉」がありますね。これは、私たちの先祖が「言霊《ことだま》」の力を肌で感じていたからでしょう。また、花や観葉植物には、「がんばってね」「きれいに咲いたね」などと、声をかけてやると元気に育つという話も耳にします。

あなたの言葉を一番身近で聞いているのは、他でもないあなた自身。一日中、否定的な言葉をくり返し聞かされていたら、心がげんなりしてしまうでしょう。次第に行動まで影響されて、ますますあなたを疲れさせ、苛立たせる状況がやってくるかもしれません。

これからは、「忙しい」「疲れた」などと言いたくなったら、他の言葉に言い換えてみましょう。「充実してる」「がんばったな」などは、どうでしょうか。

また、そんな言葉がつい出てしまうのは、何かを変えろというサインだと考えるのも一案です。大きなことを変えるのはすぐには難しいかもしれませんが、この本で紹介している中でできそうなことから少しずつ取り組んでみてください。

仏教には「愛語施《あいごせ》」という「お布施」の形があります。愛語、つまり思いやりのある言葉を相手にかけてあげることです。

あなたの愛語施を一番必要としているのは、あなた自身かもしれません。

怒らない「生活」15

駅の改札を出たら、考えるのをやめる

お寺や神社には、なぜ長い参道があるのか知っていますか？

山門（お寺の門）から本堂、鳥居から社殿までが参道で、山門や鳥居は俗世から聖域へと切り替わる「結界」です。

結界を過ぎたらきっぱりと人の気持ちも切り換わればいいのですが、実際はそういうものではありません。そこで、一定の距離を歩くことで徐々に気持ちを静め、穏やかな気持ちで神仏の前に立てるように、参拝者の気持ちを「俗」から「聖」へと切り換える役割を参道が果たしているのです。

距離と時間をうまく生かして心を自然に整える。先人の素晴らしい知恵に感服させられます。この知恵を、毎日の生活に生かしてみましょう。

自分で結界と参道を作って、仕事や人間関係に翻弄《ほんろう》される「俗（仕事）モード」

から、心静かに自分を見つめる「聖（リラックス）モード」へと切り換えるのです。

実際には、頭の中で、「ここが結界」「ここからは参道」と決めるだけで十分です。仏教では、結界の中の聖なる場所を「浄域」と言います。結界を過ぎて浄域へ入ったら、そこにふさわしい自分になりましょう。

勤めているなら、最寄りの駅やバス停。自動車通勤なら職場の駐車場を、結界にするといいでしょう。結界を過ぎたら、仕事のことはスッパリ忘れる。そういうルールを決めてください。

参道にあたる帰路を歩き始めたら、こんな約束ごとを決めておくのはどうでしょうか。男性であれば、角をひとつ曲がるごとにネクタイを緩めたり、ジャケットのボタンを外したりするのです。女性は、アクセサリーを外したり、スカーフを取ったりすると気分の切り換えになるかもしれません。

重い鎧《よろい》をひとつずつ脱ぎ捨てていくように、参道を歩きながら昼間の緊張やストレスを少しずつ落としていきましょう。

そうやって、**玄関の扉を開けるまでには「本来の自分」に戻っておく。このルールで、これまでよりずっと楽に心の切り換えができるようになる**でしょう。

怒らない「生活」16

靴をそろえる

靴は、あなたを未来へと運んでくれるもの。一日中あなたの足元を守り、行くところどこへでもつき添ってくれるもの。

思えば、毎日の相棒とも言える靴を、常日頃、私たちはずいぶんぞんざいに扱っているのではないでしょうか。

あなたは靴を脱いだ後、毎回きちんとそろえていますか？

よそのお宅にお邪魔して玄関の靴がきちんとそろっていると、それだけで清々しい印象を受けるものです。住む人の心がけがうかがえ、自分も思わず居住まいを正したくなります。一方、脱ぎっぱなしの靴が乱雑に散らかっている玄関を見ると、「おやおや、ここの家族はよほど忙しいのかな」と、ちょっと心配になります。心が整っていないことが、靴の扱いひとつに如実に表れているのです。

禅では、このことを「脚下照顧《きゃっかしょうこ》」という言葉で説いています。「自分の足元をきちんと顧《かえり》みよ」という意味で、文字通り「履き物をそろえましょう」というメッセージを込めて、お寺の玄関によく掲げてある言葉です。

靴をそろえるのは、ほんの一瞬でできること。難しい手順も時間も何ひとつ必要ありません。

それなのに、自分の脱いだ靴の始末ができない人は、「そんな小さなこと、どうでもいいじゃないか」と思っているのかもしれません。あるいは、頭の中が忙しく、自分が靴をそろえていないことにすら気づいていないのかもしれません。

それだけ、心が乱れているということです。

小さなことをきちんとできない人が、大きな目標を達成できるわけがありません。

遠くへ行きたいと思えば、今は便利な交通手段が多くあります。しかし、どんな方法を使うにせよ、結局は一歩ずつ、自分の足で歩みを重ねて体を運んでいくしかないのです。着実な一歩を積み重ねられる人しか、目的地にはたどり着けません。

靴をそろえる。数秒もかからない小さなことですが、生き方全体を変える大きな力を持っています。

怒らない「生活」17

月を見上げる

禅の世界では、月は「真理」を表します。

月に関する禅語も多く、夜空に浮かぶその姿を人生の本質になぞらえた名言がいくつも残されています。ふたつほどご紹介しましょう。

「水急不流月（みずきゅうにしてつきをながさず）」。「水の流れがどんなに急でも、水面に映る月まで流すことはできない」という意味。水は、心を煩わす世の中の出来事、月は自分の心を表します。周りで起きていることや人の言動が心を惑わすものであったとしても、本来の自分は動くことはないと教えています。

「風吹不動天辺月（かぜふけどもどうぜずてんぺんのつき）」。この言葉もまた、何があっても微動だにしない月の孤高な姿を、人のあるべき姿と重ねています。雲が流れるような強い風が吹いていても、月（真理）はびくともせずに煌々《こうこう》と輝いている。私たちにも、そういう生き方ができるというわけです。

古来、日本人は月の満ち欠けを基準に月日を数え、陰暦（月齢による暦）に則《のっと》って暮らして来ました。陰暦では、毎月一日は新月。一五日は満月と決まっています。また、弓張月《ゆみはりづき》、十六夜《いざよい》、立待月《たちまちづき》など、月齢にあわせた風雅な月の呼び名が数多く残っています。私たちの先祖は長らく月とともにあり、夜ごとに月を愛でながら暮らして来たのです。

今でこそ、夜はまぶしいほどに明るく、月の存在感が以前より薄くなったかもしれません。それでも、家路を急ぎながらふと見上げた空に月が出ていると、誰もが心癒されるのではないでしょうか。また、銀色の満月が夜空を美しく照らす姿を見つけ、時間を忘れてうっとりと見上げることがあるのではないでしょうか。

仕事や雑事に忙殺されている時、人間関係に疲れている時、あえて時間を作り、月を見上げてほしいと思います。地上で四苦八苦している私たちを、月は誰一人分け隔てすることなく、優しく照らしているでしょう。

真理も同じです。どんな時でも、どんな人でも、区別することなく導いてくれています。月の姿が教える人生の真理を胸に、また明日も淡々と歩き続けましょう。

怒らない「生活」18

手をあわせて、感謝する

「心の安定を保つには、どうしたらいいでしょうか？」

そう聞かれたら、私は「手をあわせる習慣を持ちましょう」と答えています。

試してみてください。胸の前で右手と左手をあわせて合掌する。これだけのことで、心がスッと落ち着きます。

神社仏閣やお墓参りで、あるいは家の仏壇や神棚の前で、私たちは幼い頃から、折に触れ、手をあわせてきました。また、昇る朝日に合掌するのも、先祖から受け継いできた昔ながらの習慣です。お天道様（太陽）の恵みを身にしみて感じていた先祖たちは、「ありがたい」という気持ちから自然に手をあわせてきたのでしょう。

日本人にあまりにもなじんだ、この手をあわせるという行為には、実は深い意味があります。**右手は仏様や自分以外の人を、左手は自分自身を表します。合掌とは、**

両者をひとつにあわせることを意味するのです。

神仏に手をあわせる時は、尊い存在と自分がひとつになるように、お墓や仏壇ではご先祖様に寄り添うように……。そうやって、私たちは感謝と祈りを届けていたのですね。この美しい習慣を見直してみましょう。

朝は、「今日も一日、元気に過ごせますように」と祈りを込めて、夜寝る時は一日の無事に感謝して、そして食事の前後には「いただきます」「ごちそうさまでした」と、命をくれた食材や作ってくれた人への御礼とともに、力まず、恥ずかしがらず、自然な気持ちで手をあわせてみてください。

ざわざわしていた心がチューニングされ、静かになっていくのを感じるでしょう。

仏壇が家にあれば、その前に座り、ご先祖様にお線香を上げてから合掌してください。家に仏壇がない場合は、その場で心を込めて手をあわせるだけでも十分です。

それでも、家に心の拠《よ》り所となる場所があれば、こんなに心強いことはありません。場を整えて、寺社のお札や亡くなった身内の写真を飾るだけでもいいのです。朝夕、感謝とともに手をあわせられる場所は、きっとあなたの心を落ち着かせてくれるでしょう。

第3章

ケーススタディ
怒りを消し去る
禅の作法

自分への怒り

Q1 なぜかいつもイライラしてしまう

「最近、イライラしてばかりで」「あの人には、ホントにイライラさせられる」日常会話の中で私たちはこんなふうによく言います。

いくら小言を言っても片づけない子どもや頭の硬い上司、マナーを守らない乗客、散らかった部屋、果ては、開けにくい食品のパッケージまで、イライラの原因はいたるところに転がっています。ですから、もしかすると一日一度もイライラしないという人は少ないかもしれません。

このイライラを別の言葉に言い換えるとしたら、どうなるでしょう。

神経が逆なでされて不快な感じ。怒りの一歩手前でこらえている状態。不愉快な状況にいてストレスや緊張を強いられている状態。そんなところでしょうか。

いずれにしても、一触即発。ちょっとしたきっかけで我慢の限界が来れば、怒りが爆発して、いわゆる「キレてしまう」ことになるでしょう。

しかし、同じ状況にいるのに平然としていて、いつも上機嫌な人もいますね。

両者の違いはどこにあるのでしょうか。

ひとつには、基本的に機嫌のいい人は、上手にストレスを解消していて、常によい精神状態がキープできているのでしょう。自分の目標が明確で日々やるべきことに邁進《まいしん》している人や、趣味やレジャーなどで私生活が充実している人は、ストレスに翻弄《ほんろう》されることなく人生を楽しんでいるように見えます。

しかし、ストレス解消といっても、アルコールや甘いものなどの嗜好品《しこうひん》、または買い物などに依存しているのでは、根本的な解決にはなりません。また、家族や弱い立場の人へ八つ当たりして、日頃の鬱憤《うっぷん》を晴らすなどもってのほかです。

気分転換を上手に図れるかどうか、これがまずひとつめのポイントでしょう。

もうひとつ、イライラしがちな人といつも心穏やかな人の違いがあります。

イライラしてしまう人の心の奥を見てみましょう。

そこには「こうあるべき」「自分が正しい」といった、決めつけや執着《しゅうちゃく》があるように感じます。ですから、物事に白黒つけないと気が済まず、自分の思い通りにならないことに対して、苛立《いらだ》ちや不愉快さを感じてしまうのです。

一方、いつも機嫌よくいられる人の心の中には、「人は人」「そんなこともあるよ」「ほどほどで十分」。そんな思いがあるのではないでしょうか。

ですから、なにがあってもペースを崩さず、悠然《ゆうぜん》とかまえていられるのです。

心の中にある決めつけや執着をどれだけ手放せるか。それが、いつも上機嫌な自分でいるための大きなポイントとなりそうです。

イライラしそうになったら、「放下着《ほうげじゃく》」という禅語を思い出してみてください。

「ほんの一瞬でもいいから、何もかも一切捨ててしまいなさい」という意味です。

すべてを捨て切った時、悟りが訪れます。

人間が生きている限り、こだわりや執着を完全になくすことなどできません。しかし、少しずつ減らしていくことはできます。減らした分だけ、楽しい人生が待っている。そう考えてみてください。

❖「こうあるべき」という執着を捨てる。

自分への怒り

Q2 幸せそうな人がねたましくなる

人の境遇がうらやましくて仕方ない時、私たちは必ず「それなのに自分は……」という思いにとらわれています。人と自分を比較して、今の自分を卑下《ひげ》しているのです。

ねたましさや嫉妬心《しっとしん》を生んでいる原因は、「比べること」です。

「そんなこと、わかってるよ」という声が聞こえてきそうですが、比べることがいかに私たちの心をむしばみ、ダメージを与え続けているか。これについては、十分認識しておく必要があります。

禅でも、人と比較することを、「莫妄想《まくもうぞう》」という言葉で戒めています。この「妄想すること莫《なか》れ！」という強い一言を残したのは、唐代の無業《むごう》禅師という人です。

無業禅師は、誰が何を訊《たず》ねてきても、ただ一言「莫妄想」と答えるのみだったとか。おそらく、訊ねたほうは一瞬煙に巻かれた気分だったと思いますが、その意味に気づいてハッとしたのではないでしょうか。この一言には、単に「妄想するな」というメッセージだけではなく深い意味があります。一般的には、考えても埒《らち》があかないことをクヨクヨ考えることを「妄想」と言います。しかしここでは、二元的な考え方にとらわれるなという意味で使われているのです。**「いい・悪い」「成功・失敗」というように物事を二元化して、あれこれ思い悩むな**ということです。

いいか悪いか、善か悪か、幸せか不幸せか。

人間は、つい物事をふたつに分けて対立的に捉えてしまいます。どちらかを選ぼうとしたり、どちらがいいか判断したり……。しかしそれでは、いつまで経っても欲や執着にがんじがらめの状態です。

無業禅師は、そこから自由になれと諫《いさ》めているのです。

「隣の家が新しい車を買ったから、うちはもっといい車を買わなきゃ」

「あの人はまた海外旅行に行って楽しそうだ。うらやましい」

「実力は自分が上なのに、あいつが先に出世するなんて」

そうやって、人と自分を比べている限り、心に平安は訪れません。

「あの人は幸せそう」と、つい思ってしまう気持ちはわかります。しかし、**「幸せ」というものは、他人が判断するものではなく、人それぞれが自分で決めるもの。**

お金がたくさんあれば、海外旅行に行ければ、新しい物が買えれば、「幸せ」なのでしょうか？　周囲から見てどれだけ成功していて、どれだけ幸せそうに見えたとしても、その人の人生が幸福かどうかは、その人自身にしかわかりません。

あなたが自分でAという道を選んでいるのなら、それが絶対。あなたのうらやむ人が歩んでいるBという道も、また絶対。両者とも「絶対」なのです。

胸を張って堂々と自分の選んだ道を歩いてください。

比べるから苦しいし、比べるから悩む。そして、比べるから、嫉妬やねたましさに翻弄されてしまうのです。

人と自分を比べる暇もないくらい、今自分がなすべきことに集中してください。一生懸命、ただこの瞬間を生きていると、あなただけの幸せが見えてくるはずです。

❖妄想せず、なすべきことに集中する。

自分への怒り

Q3 ちょっとしたことで、人や物に怒りをぶつけてしまう

自分の力を誇示するかのように、語気荒く店員に文句を言っている人、駅のホームで肩がぶつかったと口論している人。また、いつもは機嫌がよくても、少しでも自分の思い通りにならないことがあると、人が変わったように激高する人。

時折、そんな「怒りの沸点の低い人」を見かけます。何かにつけカッとなるのは感情を腹に収めることができず、頭にすぐ血が上ってしまうから。湧き上がる感情を自分で抑えられないので、手近な人や物にぶつけてしまうのでしょう。

しかし、人に怒りをぶつけてスカッとするかといえば、まったくそうではありませんね。自分自身も怒りたくて怒っているわけではないので、感情をコントロールできないことに苛立ちを感じるでしょう。**いつもムシャクシャした気持ちを抱え、怒りっぽい自分の被害を受けているのは、自分自身**のはずです。

ところで、幕末に日本を訪れた外国人は、日本人がちょっとしたことでもすぐに笑い、いつも機嫌がいいことに驚いたそうです。しかし、残念ながら今の日本は、当時とはずいぶん違うようです。日本人の何が一番変わったのでしょう。

私は、体を動かさなくなったことではないかと考えます。

体を使ってエネルギーを発散させれば、心地よい疲労感に包まれ、自然に頭のほうもスッキリします。たとえば、スポーツや大そうじで体を思い切り動かした後は、体自体はくたくたに疲れているのに、爽快な気分になりますね。

しかし、一日中パソコンの前に座って作業をした日などは、肉体的にはまったく疲れていないのに、なぜか精神的には疲れを感じたりします。

頭ばかり使う生活が続き、頭のほうはストレスでパンパン、体のほうはエネルギーが有り余っている。ささいなことでキレてしまう時は、この状態にあるのではないでしょうか。ですから小さなきっかけで、そのエネルギーがネガティブなほうへと爆発してしまうのです。

自分のストレスやエネルギーをため込まずに発散する方法を知っていれば、人や物を怒りのはけ口にしなくてもよくなります。何より、自分自身が楽になれます。

上機嫌だった昔の日本人のように、体を動かしてみましょう。

朝早く起きて、ウォーキングやランニング、ヨガなどをするのもいいし、休日に近郊の山や海に出かけてみるのもいいでしょう。わざわざ外出しなくても、雑巾がけや窓拭きなどをすれば、家中がピカピカになり一石二鳥ですね。

また楽器や料理など、やりたいと思っていた習いごとを始めるのもお勧めです。

頭と体は、人という車の両輪です。どちらかひとつが小さかったり、壊れたりすると真っ直ぐ進めなくなり、あらぬ方向へと曲がってしまうでしょう。**頭も体もバランスよく使っていくと、両輪が効率よく回り始めます。そうなって初めて、人という車の能力が十分に発揮できるようになります。**

ただし、義務感で体を動かすのは、新たなストレスを生むだけなので注意しましょう。自分がやって楽しいなと思えること。それを見つけるのがポイントです。さあ、アンテナを伸ばしてみてください。きっと身近に見つかりますよ。

❖エネルギーを注げるものを見つけ、体を動かす。

自分への怒り

Q4 何年も前のことが頭から去らず、思い出すたびにむかつく

「忘れよう、忘れよう」と思っても、頭から離れない嫌な記憶。いつまでも抜けない杭《くい》のように、心を悩ませるやっかいなものですね。

しかしながら、いまだに過去を振り返り、「あの人は、なぜあの時あんな態度を取ったのだろう」「時間を巻き戻して、相手に言い返してやりたい」などとしつこく考えているとしたら、それはもちろん時間の無駄というもの。

いくら考えても、済んでしまったことは変えようがないのですから、過去のことは捨ててしまうに限ります。もし時間を人間にたとえるなら、過去は、すでに死んでしまった人。泣いてもわめいても生き返らせることはできないのです。

といっても、それはあなたもすでに百も承知のはず。わかっていても、捨てることができないから悶々《もんもん》としているのでしょう。

禅では、私たちは常に三世《さんぜ》の中に生きていると考えます。

三世とは、過去、現在、未来のこと。

私たちは、普段過ぎてしまった時間のことを「過去」と呼び、これからやってくる時間を「未来」と呼びます。そうではなく、一瞬前はすでに過去であり、一瞬先はもう未来。過去は死に、未来はこれから生まれる。生きていられるのは「今」だけ。生まれ、生き、死ぬ時間が毎瞬毎瞬つながっていく。一瞬ずつの生死をくり返す。それが人の一生だというわけです。

つまり、**私たちが生きていられる現在は、ほんの一瞬で、その一瞬がくり返され、つながっていくのが生きるということ**だと考えるのです。

言い換えれば、過去にこだわっても意味はなく、未来に期待したり、逆に未来を憂えたりしても仕方がないということ。今というこの瞬間にしか私たちは生きられないと、禅では教えているのです。

これはある意味、非常に厳しい考え方のようにも見えます。しかし別の見方をすれば、**人は過去からも未来からも自由になり、今を生きられる**ということです。こう考えれば、心が開ける気がしませんか？

ある有名な禅僧は、毎晩自分のお葬式を挙げてから寝たそうです。今日という日は終わった。済んだことはもう取り返しがつかないから、これで完了。やるだけやりきったのだからもう執着しないし、考えることもない。そんな決意の表れです。

あなたは、今日の日を完全に生き切ったと言えるほど、毎日集中して生きているでしょうか？　今夜、自分のお葬式を挙げても悔いが残らないほど、燃焼しきって生きているでしょうか？

私たちの力が及ぶ範囲は、今というこの一瞬だけ。

それほど貴重な一瞬なのに、自分の力ではどうすることもできない過去にとらわれているのは、いかにももったいない話です。

あなたが今なすべきことに集中していれば、その「今」が作る未来は、自然に満足のいくものになります。それが、よい因縁を結び続けるということです。

力の限り今を生きて、「いい一生だった」と言える人生を作りたいですね。

❖今という、この一瞬を生き切る。

自分への怒り

Q5 失敗から立ち直れず、自分に対する怒りが収まらない

後悔してもしきれない大失敗をしてしまったとしたら、自分を責めもするし、悔しさで眠れないということもあるでしょう。

「なぜ、あんなみっともないことをしたのだろう」

「取り返しのつかないミスをおかしてしまった」

そんな思いで頭がいっぱいになり、自分への腹立たしさに涙するかもしれません。しかし、自分に対する怒りほど、自分自身を痛めつけるものはないと気づいてください。本来なら何も心配することはないのです。過去に失敗をひとつもおかさなかった人など、一人もいないのですから。また、消してしまいたい過去のひとつやふたつくらい、誰でも持っているものですから。

目の前が真っ暗になるような大失敗をしたとしても、生きていれば、いつかは必

ずなんらかの形で取り戻すことができます。

「あの失敗があったからこそ、今の自分がある」

大きな仕事を成し遂げた人は、自分の人生を振り返ってしばしばこのように言うものです。あなたも、そう考えられるような生き方を選んでください。

失敗が大きければ大きいほど、そこから得られる学びも大きい。大失敗をした時は、どこを変えれば成功につながるのかを知る、大事な経験を積んでいるのです。

ただ、怒りや自責の念に苛《さいな》まれている時は、そこから抜け出そうと無理にあがいても逆効果かもしれません。「これではいけない」と焦れば焦るほど、思いが空回りして物事がうまく進まず、何もかも投げ出したくなるかもしれません。

そんな時は、大きく深呼吸して次の言葉を思い出しましょう。

「一志不退《いっしふたい》」。

道元禅師の著書『正法眼蔵《しょうぼうげんぞう》』にある言葉です。志を一度立てたら、決して退かず進み続けること。志とともに歩き続ければ必ず道は開かれると禅師は説いています。

できれば時間を巻き戻して、やり直したい。そう願う気持ちはわからなくもありません。しかし、過去は変えられないのですから、まずは現状を受け入れましょう。

今すぐに歩き出せなくても、志と希望さえ失わなければ、そのうち立ち上がって一歩前に進もうと思える日がやってきます。

そうやって前進しようと思えた時、過去の失敗が貴重な教訓になるでしょう。また、味わった挫折が人間的な優しさや深みとなって、あなたの魅力となるでしょう。

もし、**自分に対してふがいなさ、情けなさを感じているのなら、思い切り泣いてみるのもいい**ではないですか。涙で心を洗えば、後悔と悔しさで曇った眼鏡もきれいに拭き清めることができるかもしれません。

マイナスは、必ずプラスに転じます。しかし、そのためには、マイナスを自分に与えられた試練としてきちんと受け止め、プラスに変えようとする努力が必要です。

失敗は、「成長のチャンス」。失敗を失敗で終わらせない工夫や努力をやり続ければ、必ず結果となって返ってきます。

未来を変えるため、志を胸に、ひたむきに前進していってください。

❖「失敗があるから、今がある」と言える生き方を選ぶ。

自分への怒り

Q6 仕返しをしたのに心が晴れないばかりか、うらみがさらに増している

攻撃を受けたから、反撃する。文句を言われたから、言い返す。そうやって相手と同じ土俵の上で戦っていたとしたら、心が晴れるどころか、うらみはこれからもどんどん増幅していくばかりでしょう。

最後には「どうやって言い負かしてやろうか」と、一日中それればかりが頭を占領してしまい、自分のやるべきこともおろそかになってしまうのがオチです。

これでは、本当にもったいない。そんなことに時間を費やしている暇があったら、今あなたの目の前にあることをさっさとやってください。

「無常迅速《むじょうじんそく》にして、謹《つつし》んで放逸《ほういつ》することなかれ」

時間はあっという間に過ぎていくから、身も心も謹んで、一瞬たりとも無駄にせず大事に過ごせ、ということです。

小さなプライドにこだわって、相手にどうやって仕返ししようかと考えている人の人生が、輝いたものになるでしょうか。いつまでも過去にとらわれて生きている人が、未来で何事か成し遂げることができるでしょうか。

人生を終える頃になって、一時の感情のままに流されて時間を無駄に過ごしてしまったことに気づいても、取り返しはつきません。過去を引きずって、頭の中でずっと考えているから、いつまで経っても「今」に生きられないのです。

「相手が悪いのだから、勝って見返してやる」「傷つけられたから、復讐《ふくしゅう》してやる」。もしそんなことを考えているようなら、頭の中のそんな思い込みにとらわれて、同じところをグルグルと回っているだけだということに気づきましょう。

動物を見てください。彼らは、目の前においしそうなエサがたくさんあったとしても、満腹になったら食べるのをやめますね。しかし、人間は「ああ、おなかいっぱいで苦しい。でも、おいしそうだからもっと食べたい」と、きついおなかをさすりながら、さらに食べてしまいます。

頭での判断に支配されて、自分にとって本当に必要なことが何かに気づくことができないのです。

とらわれから離れて、あなたの道を進んでいきましょう。**人は人、私は私。誰があなたを攻撃しようと、「私はこの道を行く」と悠々と歩いていけばいい**のです。

禅の影響を受けた茶道を大成した千利休が、茶の精神を「和敬清寂《わけいせいじやく》」という言葉で表しています。

和…人や自然に和して、逆らわない

敬…すべてのものを敬う

清…一点の曇りもない清い心とたたずまいでいる

寂…煩悩《ぼんのう》にとらわれず、静かな落ち着いた心でいる

人や自然と調和して、お互いを認めあい尊敬しあって生きること。雑念を手放し、何事にも動じない心を持つこと。人づきあいの鑑《かがみ》としたい言葉です。

さあ、まずは気分転換。いつもより少し上等なお茶を丁寧に淹《い》れて、この言葉の意味をじっくり味わってみませんか。

❖時間はあっという間に過ぎていくことに気づく。

自分への怒り

Q7 「今日こそ怒らないぞ」と決めてもカッとなり、後悔の毎日……

「自分は絶対に変わるんだ」と決意したのに、ついまたつまらないことにカチンときて、ヒステリックに人を責めてしまった。そのうちだんだん感情が高ぶってきて、取り返しのつかない一言を発してしまい、相手との関係に深い溝が入ることに。

さらに、「あいつは短気なヤツ」という評判が立ち、最近皆よそよそしい……。「ああ、自分はなんてダメな人間なんだ」。そうため息をついても、時すでに遅し。自分が発した言葉の責任は、自分で取るしかありませんね。現状を受け入れて、また「怒らない人」になるために、一から努力していくしかありません。

しかし、必要以上に自分を責めたり、人と比べて落ちこんだりはしないでください。自己卑下や罪悪感が気分を暗くさせ、負のスパイラルへ落ちる原因となります。本当に変わりたいと思うのなら、今の情けない自分を受け入れ、今後の行動を変えていくしかありません。

頭で「ああしよう、こうしよう」と考えても、実際の行動が変わらなければ「なりたい自分」にはなれません。「私は怒らない人になる」。そう決意したのなら、この本で紹介しているさまざまな方法の中からひとつでもいい、ずっと継続して続けていくのです。

頭に血が上りそうになったら、深呼吸して「我慢」と三回唱える。

早起きして、ウォーキングに出かける。

日頃から所作を美しくするように心がける。

「これならできそうだ」というものを、愚直《ぐちょく》にコツコツと続けていってください。しばらくは、何の変化も起きないかもしれません。

しかし、ある日突然、必ず転機が訪れます。それまでは、反射的に乱暴な言葉遣いで怒鳴っていたシチュエーションで、まったく心が乱れないという体験ができるでしょう。そうなったらしめたものです。

その感覚を忘れず、さらに磨いていくようにすれば、いつでも平穏な自分でいられるようになります。そうなると、つまらないことにこだわっていちいち目をつり上げていた自分がばかばかしく思えてくるはずです。

精進の結果、ある日突然ポーンと悟りが開けることを「頓悟《とんご》」と言います。

頓悟は、誰にでも起こり得ます。もう自分には悟りなど開けないと絶望し、それでも掃除に励んでいたある禅僧は、箒《ほうき》で掃いた小石が飛んで竹にカンと当たった音を聞いて、突然悟りを開いたそうです。

大切なのは、とにかく日々努力し続けることです。

ただ漫然と生きているだけでは、いつまで経っても頓悟に至ることはできません。

もし今、**自分へのダメ出しや後悔に時間を費やしているのだとしたら、早速その時間を変えることから始めましょう**。同じ時間を自分のために生かせるのか、それとも無駄にしてしまうのか。あなたの心がけ次第でまったく変わってきます。

数カ月やそこらでは、「頓悟」は訪れないかもしれません。けれども、その努力は決してあなたを裏切らないでしょう。

❖努力し続けていれば、ある日必ず転機が訪れる。

家族、周囲への怒り

Q1 家族にストレスをぶつけてしまい、家の中の雰囲気が最悪に

仕事先や外出先で嫌なことがあると、家に帰ってまったく関係ない小さなことで家族に言いがかりをつけて喧嘩《けんか》してしまう。心に不満が募《つの》り、家中に響くような音で荒々しくドアを開け閉めしたり、物に当たったったりしてしまう。家族が心配して話しかけているのに、「ほっといて！」とけんもほろろ……。

そんなふうに家族に八つ当たりをしてしまう人は、「家族にしか当たることのできない自分」になってしまっているのでしょう。

当人にとっては、そこで「ガス抜き」ができているのかもしれませんが、怒りやストレスを直接ぶつけられる立場の家族としては、たまったものではありませんね。

本来、家庭はありのままの自分になって、心からくつろぐ場所です。また家族は、愛と感謝を持ってお互いを支え、何でも安心して言いあえる存在です。

ストレスを家庭で発散するのはいいのですが、大切な家族を傷つけたり悲しませたりしてはいけません。

しかし、家ではいつも不機嫌で怒りっぽい人は、職場や仲間内では「いい人」で通っていたりするものです。一歩玄関を出たら素の自分ではなく「いい子の自分」を演じていることが多いので、自然と外での評価は高まります。

「これやっておいて」と言われれば「いいよ」と引き受け、腹が立つことがあっても笑顔で受け入れる。心の底では「何で自分ばっかり?」とか「嫌なこと言うな」と思っていたりするのに、そんなことはおくびにも出さずニコニコしているわけですから、「あの人はいい人だ」という評価が得られるのも当然です。

しかし、それでフラストレーションがたまらないはずはありません。

もしかすると、「ほんの少し我慢しているだけだし、それで人間関係がうまくいってるのだからいいじゃないか」と思っているかもしれませんが、その「小さな我慢」がクセモノ。少しずつたまっていって大きくなり、いつかあふれ出してしまいます。

外面《そとづら》がいい人は、「自分をよく見せたい」「できた人間だと思われたい」と人一倍思っているものです。

しかしその考えこそが自分を縛り、欲求不満をため込む原因になっています。言いたいことをその場できちんと言う習慣だけでもつけなければ、家庭はますます殺伐《さつばつ》とした雰囲気になってしまうでしょう。

NOと言いたい時、相手の言動に違和感がある時は、率直にその気持ちを伝えてみましょう。難しいことではありません。ありのままを素直に伝えればいいのです。

「今日はちょっと都合が悪いから、今度にしてもらえませんか」

「他の人はいいかもしれないけど、この件は私には無理ですね」

その場でかまえずに言ってみると、「あ、了解」「そうだね」と、相手もすんなりと受け止めてくれるものです。

自分の信念通りに生きている人は、周りも一目置くようになります。それでもまだ、「これを言ったら、何と思われるだろうか」「断ったら嫌われるだろうか」と、自分の評価を気にしますか？　家族の笑顔を曇らせているのは、その迷いなのです。

❖小さな我慢をせず、言いたいことはその場で伝える。

家族、周囲への怒り

Q2 子どもに対していつも感情的に怒ってしまう

子どもを叱るのは、親の重要な役割のひとつです。どうしたら子どもを上手に叱れるか。親は、心してそのことを考えなければならないでしょう。

家でどのような叱られ方をしているか、その子の顔を見ればすぐわかります。いつも親から怒鳴り散らされている子どもは、大人の顔色をうかがうようなおどおどした目の色をしているものです。

スーパーや駅などで泣きじゃくる子どもの手をつかみ、「何で言うこときけないの！」「もう、おいてっちゃうよ！」と、激しい口調で怒鳴る親の姿を見かけることがあります。親としては、子どもに少しでもよくなってもらいたいと思って叱っているのでしょうが、子どもを自分の感情のはけ口にしているようにしか見えません。

子どもを叱っている時、自分がどんな表情やどんな声をしているか、眉根を寄せて、語気荒く責め立てていないか、注意してみましょう。

どうしても**子どもの態度にイライラして怒りたくなったら、しばらくその場から離れて深呼吸してみる。まったく違うことを始めて気分転換する**などして、気持ちを落ち着かせてください。叱るのは、それからでも遅くはありません。

話は変わりますが、近頃、逆の意味で少し気になっていることがあります。最近の若い世代の様子を見ていると、子ども時代にきちんと叱られないまま大人になってしまった人が多いように感じるのです。というのも、自分がミスした時や間違いを指摘された時に、きちんと謝ることができない若者が増えているからです。

本人も謝らなければならないとわかってはいるようですが、「すみませんでした」の一言がなかなか出てきません。素直に謝ることができないのは、大人から真剣に叱られたことがないまま育ったからではないでしょうか。

一概には言えませんが、最近の学校や幼稚園、保育園などでは、以前のように先生が厳しく生徒や児童を指導することが少なくなったと聞きます。叱るのは目にあまる問題行動を起こした時くらいで、大問題にならなければ良しとする、事なかれ主義が増えてきているように思えてなりません。

そうは言っても、子どもの人格形成において、一番の責任が家庭にあることは言うまでもないでしょう。成らぬことは成らぬ。必要な場面では、毅然《きぜん》とした態度をとりましょう。「子どもがかわいそう」「嫌われたくない」と言いなりになってしまうと、子どもは自分の行いを省《かえり》みる機会を逃したまま成長してしまいます。

上手に叱るためには、普段から家庭の雰囲気を明るくし、親子関係を円滑にしておく必要があります。そのためには、一緒に食卓を囲むことが一番の近道でしょう。

食事は、家族にとって大切なコミュニケーションの場です。お互いの顔を見ながら、その日の出来事を報告しあう中で、子どもが今どんな状態にあるのかがわかります。また、子どもは自分の思いを聞いてもらえたという満足感が得られます。

最近は、塾や部活動、習いごとなど、子どもも大人並みに忙しくなり、家族全員がそろう機会が減りました。ですからこそ、週に一度は全員で食事をすると決めましょう。団らんの中でこそ、子どもの健《すこ》やかさが育まれます。

❖週に一度は食卓を囲んで、コミュニケーションを取る。

家族、周囲への怒り

Q3 夫と意見が対立して、しょっちゅう喧嘩している

夫婦喧嘩は、もちろんしないに越したことはありません。

しかし、なぜ喧嘩するのかと言えば、相手に関心を持ち、お互いの関係をよくしたいと考えているからこそでしょう。もし、相手のことをどうでもいいと思っているのなら、「何を言っても時間の無駄」と、無視を決め込むはずです。「喧嘩するほど仲がいい」という言葉がありますが、これはある意味真実なのかもしれません。

では、関係を改善したいと思っているのに、なぜお互いをののしりあったり、人格を否定しあったりするような、激しい「戦闘状態」になってしまうのでしょうか。

それは、相手を思い通りにコントロールしたい、自分が正しいことを証明したいという思いがあるからでしょう。つまり、自分が勝つことに執着しているのです。

「いや、私は喧嘩などしたくないのに、相手の態度が悪いからいけないんだ」とい

う人もいますが、これも、期待通りに相手が動いてくれないことに対して腹を立てているのですから、相手をコントロールしたいという思いがあるのです。

また、ささいなことが大喧嘩に発展するのも夫婦喧嘩の特徴ですが、これも自分の正しさに対する執着がトラブルを大きくしている原因なのでしょう。

夫婦間に限らず相手に勝とうと思っている限り、円満な人間関係は築けません。特に、一生をともにする伴侶と勝ち負けを競っていたら、いつ心から安らげるのでしょう。

だからといって、自分の意見を曲げて相手にあわせれば、本来の自分からはどんどん離れてしまい息が詰まってしまいます。逆に、相手をねじ伏せて勝ったつもりになっても、気持ちがいいのはあなただけ。どちらの場合も、たまったストレスがいつか大々的に噴き出し、取り返しのつかないことになるのは目に見えています。

どんな夫婦でも、一から十までまったく同じ価値観を持っていることはあり得ません。ですから、**まず大切なのはお互いの違いを認めあうこと**です。

そして、「愛語」を心がけ、「利他」の精神で相手に接するのです。

愛語については一一九ページでもお話ししました。「いってらっしゃい。気をつけてね」「お疲れさま」「いつも、本当にありがとう」。慈しみを込めて相手に言葉をかけてあげるのは、朝夕の会話の中ですぐにでもできることです。言葉は以前と変わらなくても、そこに心からの愛情と優しさを込めれば、伝わるメッセージは、まったく違ったものになります。

また、**改めてほしいことがある時は、「ちょっと、お願いなんだけど」と前置きする。これだけで、相手の受け取り方は相当変わるはず**です。

「利他」とは、他者を利すること。つまり、自分よりも相手のことを考えて行動するということです。お互いのエゴをぶつけあっても、そこからは何も生まれません。私のことをわかってほしいと思っているのは、相手も同じです。

利己心を捨て、ただひたすら相手のことを思うと、結局は相手も自分を捨てて、あなたのことを思ってくれるようになります。相手を思う尊い心があたたかい関係を育むのです。一番身近にいる人生の伴侶にこそ、あなたの慈悲心を注ぎましょう。

❖「相手に勝ちたい」という思いを捨てる。

家族、周囲への怒り

Q4 ご近所とトラブルになり、険悪になってしまった

生活騒音、ゴミの出し方、時には、鉢植えの置き方や回覧板の回し方まで、トラブルの原因は昔からあちこちに転がっています。「子どもの声や足音が気になる」「布団を叩く音がうるさい」「隣がゴミ屋敷になっていて異臭がする」など、あなたの近所にも色々な「火種」があるのではないでしょうか。

もめごとが増えた一番の原因は、「コミュニティの崩壊」と言われるように、昔ながらの密な近所づきあいがほぼ消えてしまったことにあるでしょう。

「一億総中流」と言われた高度経済成長期頃までは、一部の特別な世帯を除けば、都市部も農漁村も皆庶民として、同じような収入、同じような境遇で、同じような人生を歩んだものです。ところが今は、収入も価値観も生活時間も多様化し、同じ地域に住んでいたとしても、家庭によって暮らしぶりがまったく違います。

そんな多種多様なライフスタイルの人たちが集まっているのですから、いざ自治会の話しあいや地域のお祭りなどがあったとしても、昔のように強い結束で一丸となって盛り上がるのが難しくなっているのです。

普段からお互いをよく知っていれば、ちょっと不愉快なことがあっても、「○○さんなら、しょうがない」「向こうにも事情があるのだろう」と相手を思いやることができるでしょう。また「この間は、すみませんでしたね」「いえ、こちらこそ」などとコミュニケーションを取りあって、何事もなく済ませることができるでしょう。

しかし、いったんトラブルになると、修復するために時間がかかってしまいます。場合によっては、気まずいムードのまま何年も、ということになりかねません。

ですから、日頃から近隣に顔見知りを増やしておくことが大切なのです。

近所づきあいのコツは、共通の話題を見つけることです。スポーツ、趣味、グルメ。話題は何でもかまいません。相手の好きなものや興味があることが自分と一緒なら、そこが突破口になって、おつきあいの輪が広がるでしょう。いざという時に近所で連携できれば、こんなに心強いことはありません。

しかし、すでにトラブルが起きてしまっているなら、相手はまったく自分とは違う価値観を持っているのだということを念頭において行動しましょう。

同じ犬を見ても「かわいい」と思う人もいれば、「怖い」と思う人もいます。

ある家の庭木の枝が隣家にせり出し、苦情が来たので枝をばっさりと切ったところ、数日後に、「あの枝に鳥がやってくるのを楽しみにしていたのに……」と、別の家の人からうらみがましく言われたそうです。あちらを立てれば、こちらが立たず。ひとつの出来事を快く思う人もいれば、そう受け取れない人もいるのです。

いきなり、人の価値観や考え方を変えろと言っても当然無理な話。ですから、せめて相手に不快感を与えないような言動をしていくしかありません。

特にもめごとが起こった後には、先ほどの「愛語」を心がけること。そして、相手の話をよく聞き、こちらからも丁寧に話すことです。誠心誠意を尽くしてそれでもダメなら、距離を置くこと。自分に恥じない言動をしているのなら、相手と距離を取ることもOKです。

❖価値観の違いを前提に、丁寧に話す。

家族、周囲への怒り

Q5 店員の態度に腹が立ち、説教をしてしまった

自分は客なのに、お金を払っているのに……。

つまり「立場が上」なのに、意に沿わない態度を取られたので立腹して、しなくてもいいお説教までしてしまったのではないでしょうか。

家族に日頃の不満をぶつけて鬱憤《うっぷん》を晴らすのと同じことで、自分より立場の弱い人をストレスのはけ口にして、言いがかりをつけているように見えてしまいます。

自分では、そんなつもりはないのかもしれません。

しかし、胸に手を当てて考えてみてください。あなたは常日頃、社会的な立場や地位、役職によって、自分の態度を変えたりはしていませんか？

お得意先には満面の笑みを向けるのに、業者が納品に来ても目も上げない。家では苦虫をかみつぶしたような顔をしているのに、隣の奥さんには愛想よく世間話を

する。

もし心当たりがあったら、あなたは「その人そのもの」と向きあっているのではなく、その人が「たまたま持っている役職や立場」とだけつきあっているのです。

人は皆、尊い仏性《ぶっしょう》を持ってこの世に生まれてきた存在です。上も下もありません。

道元禅師は、『典座《てんぞ》経典』の中でこう言っています。

「既に耽着《たんじゃく》無し」。

食材を扱う時の心がまえを説いた言葉で、めったに手に入らない貴重な食材を使って特別な料理をする時でも、いつもの食材でいつもの献立を作る時でも、同じように心を込めて丁寧に作りなさいということです。高級な食材を使うからといって浮かれたり、ありふれた食材だからといって手を抜くのは、そこに執着心があるから。ありのままの食材の命、そのものの姿を見ることができていないのです。

その人の地位や役職などは、たまたまその時、付随しているものに過ぎません。それを取り払ってしまえば、皆それぞれに一生懸命、自分の人生という道を歩いている一人の人間です。何十億という人がいる地球で、縁あってたったひと時でも一緒に過ごしているのですから、どんな人もお互いに敬意を持って、尊重しあいながら接したい。そう思いませんか？

特に、もしあなたが高い地位や役職についている場合は、このことを十分胸に刻んでおいてください。社会的に偉くなればなるほど、「弱者」と言われる立場の人にこそ頭《こうべ》を垂《た》れ、謙虚な心で接しなければなりません。これは、大切なポイントです。

地位や名誉を得ると、人は自分が偉くなったと錯覚しがちです。しかしそれは、一時的な現象に過ぎません。役職についたり、仕事が評価されて収入が上がったりしたとたん、急に人格が変わってしまう人が時折いますが、これは妄想に陥っているだけ。**どんなに権力を与えられようが、周囲からちやほやされようが、その人そのものが変わるわけではない**のです。

日常に不満や怒りがたまっているのなら、腹いせに誰かを攻撃して発散しなくても、他に解消方法はいくらでもあります。出会う人は皆、人生という修行をともに歩く人たち。どんな人にも誠実に接する。これも大切な修行です。

❖自分が上の立場にある時ほど、謙虚な心で人に接する。

家族、周囲への怒り

Q6 駅のホームでぶつかり怒鳴られた。相手も悪いのに……

日本の通勤ラッシュの混雑ぶりは、海外のメディアでも取り上げられるほどのすさまじさです。駅という狭い空間の中で特定の時間に大勢の人が殺到する上、皆目的地に向かって急いでいますから、時には誰かと肩がぶつかるのも仕方のないこと。普通は「すみません」と会釈をすれば終わりです。

ところが、たまたまぶつかった相手がものすごい剣幕で「どこ見てるんだ。気をつけろよ！」と怒鳴りつけてくることがあります。そんな時は、普段であれば無視してやり過ごせばいいとわかっているはずです。

しかし、ちょうど虫の居所が悪かったりしたら、「何だと！　そっちこそ気をつけろ」と言いたくなってしまうのではないでしょうか。言い返さないまでも、不愉快さがいつまでも残り、違う場面でそのムカムカをぶつけてしまうかもしれません。

こんな場面で思い出したいのが、「お互い様」という言葉です。「お互い様」は、狭い国土で肩を寄せあって生きてきた日本人の知恵。皆この知恵を思い出すことができれば、時折ニュースになっているような駅や繁華街でのトラブルは激減するでしょう。

しかしそれができないほど、今は常に誰もが苛立ちを抱えているような状況です。だから、「やられたらやりかえす」とばかりに、わずかなきっかけで怒鳴りあいが起きかねない。そんな殺伐とした雰囲気になっているのです。

しかし周りの雰囲気がどんなにすさんでいても、また、粗暴な言動にあったとしても、あなたの心ひとつで、それに惑わされることなく過ごせるようになります。

これから、町を歩く時は、自分が蓮《はす》の花だと考えてみてください。

仏教では、仏の教えの象徴として蓮の花をとても大事にします。仏様が乗っている蓮華台《れんげだい》は、蓮の花をかたどったものです。

蓮が育つのは、清らかな水ではなく濁《にご》った泥の中。それでも蓮は、泥にまみれることなく、花芽を伸ばして気高く美しい花を咲かせます。

「蓮は泥より出でて泥に染まらず」。

自分の仏性を磨いていけば、どんな環境にいてもその影響を受けることなく、心穏やかに自分の花を開かせることができるのです。

肩がぶつかった時に「失敬」で済ませることができない人は、心の中によほどのストレスを抱えているのでしょう。そう考えれば、もし怒鳴られたとしても「気が立っているんだろうな」「気の毒だな」と思えてきませんか？

お釈迦様はこの世を去られる時に、「自らを灯りとして、仏法を灯りとして、進んでいきなさい」という言葉を弟子たちに残されました。

お釈迦様や他の偉い誰かを頼りにするのではなく、お釈迦様の教えそのものと自分自身を「灯り」として、暗い世の中を生きていきなさいということです。

自分自身を灯りとすれば、どんな時も自分で自分の心を照らすことができます。それだけでなく、あなたの周りも明るく照らすことができるのです。あなたを怒鳴ったその人のことも、あたたかな光で照らせるようになったら素晴らしいですね。

❖泥の中に咲く蓮の花のような気高さを持って生きる。

家族、周囲への怒り

Q7 電車など、公共の場でマナーを守らない人にイラッとする

ある団体の調査によると、電車を利用する際に迷惑だと感じる行為は、一位から順に、「大きな声で話す」「座席の座り方」「携帯電話の使用」「ヘッドホンからの音漏れ」「乗降時のマナー」だそうです。調査結果では、その後「ゴミや空き缶の放置」「電車の床へ座ること」「車内でのお化粧」などが続きます。

どれも一度は、いえ電車を利用して通勤している人なら、ほぼ毎日のように遭遇する光景ですね。電車通勤している人にとっては、電車内は生活空間の一部と言ってもいい場所。そこで、毎日不快な思いをさせられ、腹にすえかねている人も多いのではないでしょうか。

また、電車内に限らず公共の場でも、マナーに反する行為を時折見かけます。私語禁止がルールの図書館でおしゃべりをしていたり、デパートやレストランなどで

子どもが走り回るのを親が平気で見ていたり……。

自分も気づかないうちに人に不快感を与えていないか、気をつけたいものです。

さて、ではマナーを守らない人がいた時にどうすればいいでしょうか。物騒な事件も多いので難しい場面もあるかもしれませんが、あきらかに周りへの迷惑となる行為は、さりげなく注意したほうが自分のストレスにはならないでしょう。

ただし、その際には真心のこもった「愛語」を使うよう心がけましょう。そうすれば、相手も素直に受け入れやすくなるはずです。

もし私なら、こう言います。

「その行為は、周りから見て美しくないからやめたほうがいいですよ」

「もう少し静かにしたほうが、美しいと思いますよ」

「美しい」という言葉が嫌いな人はいません。

人は、誰でも美しく見られたいと思っているものですから、このように言われればハッとして、自分の行為を振り返るはずです。

もちろん、ストレートに「迷惑だから、やめてください」と言うこともできます。

しかし、そうすると「いや、私は迷惑なんてかけてない」「いや、迷惑だ」と、権利の主張が始まり、収まりがつかなくなる可能性があります。

特に、電車の座席でお化粧をしたり、物を食べたりしている人たちには「私は誰にも迷惑かけていないし」という意識があるように思います。

二人分の席を占領しているわけでもないし、ゴミを散らかしているわけでもない。ちゃんとお金も払っているし静かに乗っているのだから、何をしようとこっちの勝手ではないか。そんな心の声が聞こえてきそうです。

しかしそんな人たちも、美しくいたいという気持ちは必ず持っています。

「今あなたがやっていることは、美しい行為でしょうか？」

ただ注意をされただけでは反発する人も、そんな問いかけには必ず心を動かされるはずです。

もちろん、これはあなたも自分自身に問いかけてほしい言葉です。どんなに心が乱れる時も、「美しい自分」でいられるよう、自分を律していきましょう。

❖「美しくないですよ」と、さりげなく注意する。

仕事での怒り

Q1 ライバルにばかりいい仕事が回って悔しい

「好敵手」という言葉があるように、お互いを高めあえるようなライバル関係は、その人の成長に大きく貢献します。

火花を散らすような切磋《せっさ》琢磨《たくま》の中から素晴らしい成果が生まれ、それによって、またお互いが競いあう。相手がよい業績を出した時に「よし！　今度は自分も」と闘志が湧く。そんな存在に出会えることは、人生の味わいを深める喜びとなります。

しかし、そこで陥ってはいけない落とし穴があります。それは、相手を追い越すことだけが目的になってしまうこと。そうなると、いざ自分がライバルを越した時に目標を見失い、「今までの努力は何だったのだ」と気抜けしてしまうでしょう。

結局、それは自分の仕事そのものにきちんと取り組んでいたわけではなく、相手に勝つことに執着していただけのこと。**勝ち負けにこだわっているようでは、永遠**

にその世界から脱出することはできません。

もちろん、「結果を出したい」「悔しい」と思う気持ちは向上心の表れですから、悪いことではありません。しかし自分のやるべきことを脇に置いて、相手の幸運をうらやんだり、相手の足をどう引っ張ろうかと考えていては、いつまで経ってもライバルを追い越すことなどできず、満足した成果を挙げることも無理でしょう。

相手にばかり光が当たり、自分は日陰を歩いているように思える時こそ、自分なりの工夫を仕事に込め、地道に努力しなければならないのです。

「随処《ずいしょ》に主《しゅ》と作《な》れば、立処《りっしょ》皆真なり」

どんなところにいたとしても、自分が主人公となって行動すれば、立っているところが真実を生きる場所になるという意味です。

「なぜ自分には、意に沿わない仕事ばかり与えられるのだろう」

そう思ってしまう時は、この言葉を思い出してください。

「やらされている」と思うと斜《はす》にかまえてしまい、受動的な姿勢でしか仕事に取り組めません。当然、それなりの結果しか出ませんし、あなた自身も仕事が面白くなければ、上司や同僚の評価もかんばしくないでしょう。

しかし、与えられた仕事を「ひとつのチャンス」と考え、主体的に関わり始めると、話はまったく違ってきます。たとえ、お茶くみやコピー取りなどの雑用であっても、与えられたチャンスをどう生かそうかと、能動的に取り組めるでしょう。

どんな仕事であっても、自分なりの色、自分なりの工夫を加えることはできるものです。コピーを頼まれたのなら、一目で違いがわかるように文書の種類によってクリップの色を変える。同じお茶でも他の人が淹れたのとはまったく違う味になるよう、茶器を温め、お湯の温度に気を配る。できることはたくさんあります。

そうやって取り組んでいくと仕事が楽しくなり、次から次へと発想が湧いてくるはずです。あなたの個性が仕事の端々に表れ、結果もついてきます。

そんなあなたの姿を見た人は、「こいつは面白いから、次はこんな仕事をさせてみよう」と考えるでしょう。もし、身近にそんな人がいなくても、必ずどこかにあなたの姿を見ている人がいて、いつかきちんと認めてくれます。

❖どんな仕事もチャンスと捉え、自分なりの工夫を加える。

仕事での怒り

Q2 大事な用事があるのに急に残業を頼まれ、頭に来た

長い間楽しみにしていたコンサート当日。残業しなくてもいいように何日も前から仕事の段取りをつけ、終業ベルがなったらすぐに退社しようと決めていたその日の午後になって、「急で悪いけど、明日までにこれやっておいてくれる？」と上司から指示が……。あなたなら、どうしますか？

率直に、「え!?　今日はちょっと大事な用があって」とか、「今日はコンサートなので、残業できません」と断れる職場なら問題がありません。しかし、上司が強権的だったり、極端に忙しい職場だったりする場合、なかなか断りづらいものです。

だからといってそのまま「わかりました」と残業すると、怒りがふつふつと込み上げ、後々までその日のことを根に持ってしまうでしょう。

まずできることは、何とか残業をやらなくても済むように対処することです。

その仕事は、翌日でも実は間にあうものかもしれません。また、朝早く来て就業前に終わらせたり、他の人に頼んだりする方法もあります。大事な予定が入っていることを告げ、「明日ではダメでしょうか」「誰か代わりにやってもらえませんか」と聞いてみましょう。**「きっぱり断る」か「我慢してやる」のふたつの方法しかないと決めつけるのではなく、自分の希望も相手の希望も叶える方法を探す**のです。

その時「こんな日に残業を頼むなんて！」と、ぶっきらぼうな態度で言うのは禁物。上司もカチンときて、「なんだよ。仕事がイヤなのか」と反発してくるでしょう。

同じことを頼むのでも、言い方ひとつで印象はまったく違ったものになります。「今日は前からチケットを買っていたコンサートがあるんです。明日ならできますから、明日でいいでしょうか」「今夜は先約があってできないのですが、明日の午前中まででよければできます。そうであれば、責任を持ってやります」「どうしても今日は都合がつかないので、他の人に代わってもらえるとありがたいのですが」

必要以上にへりくだったり、恐縮したりする必要はありません。話す前に一呼吸置いて、ストレートにそう聞いてみましょう。すると、あっさり「明日の昼までにできるならいいよ」「じゃあ、○○さんに頼んでみるよ」となることも多いものです。

その後、「今回はすみません。次は必ず私がやりますから」とフォローすれば、上司も納得してくれるでしょう。

また、たとえ残業することになったとしても、自分の状況を伝えて手を尽くした後であれば、「仕方ないな」とあきらめもつくものです。上司にもあなたが無理を押してやってくれていることが伝わります。

「今回は仕方ありませんが、次は先約を優先させてください」と釘を刺しておけば、同じ思いをくり返すことはないはずです。何よりも、どんな結果でも「言うことは言った」という満足感が持てるので、その後のストレスがまったく変わってきます。

少し発想を変えれば、あるいは少し勇気を出せば、同じ状況でも違う行動をとることができます。どう思われるかというとらわれを捨てて、自然体で物事に当たればいいのです。その時の感情に流されることなく自分が納得できる道を探せば、必ずそれに応じた結果が得られるでしょう。

❖我慢せず自分の状況を率直に伝え、最良の方法を探す。

仕事での怒り

Q3 何日も徹夜して書いた企画書を突き返され、キレそうになった

精魂込めて取り組んだ仕事がまったく評価されなかった時、そのショックは大きいでしょう。時間とエネルギーをかけた分だけ思い入れも強いですから、「なぜ?」という思いでいっぱいになり、怒りと悔しさが込み上げてくるかもしれません。

冷静に考えれば、否定されたのは仕事そのものであって、あなた自身ではありません。しかし、力を注いだ企画書を「こんなんじゃ、ダメだよ」「何年、この仕事やってるんだよ」などと突き返されたら、反射的に負の感情が出てきてしまうもの。自分の存在すべてが否定されたような気分になってしまうのです。

部下を育てるのが上手な上司は、ダメ出しをする時に「ダメな理由」と「改善点」を明確に説明します。また、その仕事の裏にある本人の努力についてもきちんと認め、「がんばったじゃないか」とねぎらいの言葉を一言かけてくれるものです。

しかし実際には、そんな上司に恵まれているのは、ごく少数のラッキーな人に過ぎません。上司自身も日々結果を求められ、大きなストレスの中で仕事をしているのですから、そこまできめ細やかな対応を求めるのは酷《こく》でしょう。

上司に仕事を否定されるたびに、自分を全否定されたような錯覚に陥って落ちこんでいては、いつまで経っても成長できません。客観的に物事を捉える習慣をつけ、マイナスをプラスに転じる方法を考えていきましょう。

どんな仕事でも、すべてがNGということなどありません。

たとえば、全体の七割が却下だったとしても、残りの三割はよいと評価できる部分です。その三割をいかに伸ばすか。NGだった七割を、どれだけよい方向へ変えていけるか。結果を分析して、プラスを増やすように考えることが大切なのです。

そのように捉えることができれば、「突き返されたダメな企画書」が「さらによくなる可能性のある企画書」に変わります。

これが、マイナスをプラスに転じるということです。

マイナスをプラスにする作業は、自分自身でやるしかありません。もっとも早いのは、ダメ出しした上司に「どこが悪かったのでしょうか」とざっくばらんに聞いてみることです。もちろん、口をとがらせて不満顔で聞いていても「それくらい自分で考えろ」とどやされるのがオチですから、謙虚な気持ちで聞くことが大切です。原因がわかれば、あとはそこを改善していけばさらにいい。企画を改善するためにまた淡々と仕事に向かえばいいだけですから、ストレスはありません。

もし上司がはっきりと修正点を挙げてくれなかったとしたら、信頼できる仲間や同僚に聞いてみるといいでしょう。**直接仕事とは関係のない友人の助言の中に、目からウロコの貴重なヒントが隠れていたりするもの**です。

自分の望んでいない結果が出た時、単なる失敗と捉えたら、その時点で成長は終わりです。積み上げてきた成果も無駄になってしまうでしょう。しかし経験と捉えて客観的に整理してみれば、そこには次によい結果を出すための情報が詰まっています。キレて上司を批判したり自信をなくして落ちこんだりするより、前に向かってさっさと歩き出したほうがずっと未来は明るいのです。

❖マイナスをプラスに転じる方法を考える。

仕事での怒り

Q4 同僚や上司のちょっとした言葉にすぐ傷つき、思い出すたびに腹が立つ

他人の痛みがわからない人やデリカシーのない人、どうしてもウマがあわない人は、どこの職場にも一人や二人いるものですね。

そんな人たちから不愉快な言葉や心ない言葉を投げかけられた時、あなたは「失礼ですよ」と相手にはっきりと言い返していますか？

無神経な人たちは相手にせず、「そんな人もいるよ」と割り切れるようだったら、それに越したことはありません。もちろん毅然として反論できれば、たとえその時は険悪な雰囲気になったとしても、あなた自身の不快感は解消できるでしょう。

しかしどちらもできずに、もし「あんなことを言うなんて、無礼な人だ」「人をバカにして！」と、何度も思い返しては腹を立てているようであれば、少し気をつけたほうがいいでしょう。くり返し思い出しては不快感を再生産して、自分をさら

に傷つけていることになるのですから。

過去の不愉快なことを思い出している時は、あなたの心が過去にとらわれている時。当然、「今」というこの大切な一瞬に生きることができません。貴重な時間を過去に乗っ取られているのと同じです。

過去のことは過去のこと。さっさと手放してしまいましょう。

幕末・明治期に活躍した原坦山《はらたんざん》という禅僧が、こんな逸話を残しています。

連れの禅僧と二人で修行の旅をしていた坦山が、ある川の前に来た時のこと。その川には橋がなく、若い女性が渡るに渡れず立ち往生《おうじょう》していました。坦山は、「私が渡してあげよう」と、何のためらいもなく女性を抱き上げ向こう岸まで渡りました。そして、礼を言う女性と別れて、何事もなかったかのように再び歩き始めました。

しばらくすると、連れの僧が坦山に向かって突然怒り始めました。

「修行の身でありながら、女を抱き抱えるなどけしからん」

すると、坦山は驚いて「お前は、まだ女を抱いていたのか。私は川を渡った時に降ろしてきたのに」と大笑いしたそうです。

このようにさらりと過去を手放せれば、楽に生きられそうですね。坦山の飄々《ひょうひょう》とした生き方を見習って、上手に感情を流していきましょう。

いつまでも不愉快な気分をためないために、感情の出し方に工夫をしてみるのです。気持ちをズバッと言うと角が立つ場合、また不快感を伝えたくても思いだけが先走りうまく伝えられない場合、言いたいことを冗談交じりに言ってみましょう。

「ええ⁉　そんなことを言われたらけっこうムッとするかも」「それって、パワハラじゃないですか⁉」「そういう言葉、周りから引かれますよ」

人を傷つけるようなことを平気で言う人たちはそもそも感性が違いますから、何を言っても多分のれんに腕押し。あなたの真意はわからないかもしれません。しかし、口に出して伝えたことで、あなた自身のモヤモヤはずいぶん軽くなるはずです。

その場で言えなければ、「あの時は……」とあとで笑い話にしてもいいでしょう。**相手は忘れているかもしれませんが、言葉にして伝えることは大切**です。そのうえで普段は相手と距離を置く。これが無神経な相手とのかしこいつきあい方でしょう。

❖腹が立ったことは冗談交じりに伝え、手放す。

仕事での怒り

Q5 顔も見たくない上司がいる。言動のひとつひとつが不愉快

もし明日から職場が自分の好きな人だけになり、嫌いな人とは関わらなくてもいいとなったら、どうでしょう。仕事のストレスは劇的に改善されるのではないでしょうか。それほど私たちは職場の人間関係に翻弄され、悩まされているものです。

生まれ育った環境も考え方もまったく違う人たちが集まっているのですから、軋轢《あつれき》が生まれるのは当然ですし、好き嫌いが出てくるのも無理はありません。しかし、嫌いな人の一挙手一投足が気になって、一日中目障りで仕方がないという状態では、仕事に支障を来してしまいますね。

初めて会った時点では真っさらな状態なのに、なぜ、いつの間にか好き嫌いが生まれるのでしょう。

前にお話ししたように、どんな人も多面的な存在です。「一〇〇パーセントいい

人」もいなければ、「一〇〇パーセント悪い人」も存在しません。結局は自分の思い込みや利害関係によって、その人の一面だけを捉え、好き、嫌いとレッテルを貼っているだけに過ぎないのです。

人を嫌う気持ちは自分を不快にさせるだけでなく、相手に必ず伝わりますから、相手のあなたに対する評価もそれ相応になってしまうでしょう。自分の貼ったレッテルに縛られて**「あの人嫌い！」と決めつけるのは、結局、自分自身で職場環境を悪くしているようなもの**です。

何の先入観も持っていなかった頃に戻って、相手のいいところを探してみましょう。そしてそれだけで終わるのではなく、実際にほめてみるのです。

「今日のシャツの色、似あってますね」「わかりやすいアドバイスをいただき助かりました」「よく通る声ですね」

実際に思ってもいないことやおべんちゃらを言う必要はありません。本当に小さなことでいいのです。笑顔を添えて伝えてみてください。ほめられて悪い気がする人は、どこにもいません。面白いことに、そのうち相手もきっとあなたのことをほめ始めるでしょう。気がつくと、険悪だった関係がガラッと変わっているはずです。

もうひとつ、嫌いな人への絶好のアプローチがあります。

それは、こちらから大きな声で挨拶をすることです。「挨拶」という言葉は、もともと禅から生まれた言葉で、「挨」も「拶」もともに、禅問答の際に相手がどのくらいの境地にいたっているかを知ることを指す文字です。

挨拶は、お互いのコミュニケーションを図るための最初の一歩。まず自分から気持ちよく、その一歩を踏み出すのです。

嫌いな上司をほめたり大声で挨拶したりするのは、ハードルが高いでしょうか？

しかし、ほんの数秒でできることです。「一日一回はほめる」「職場の誰より大きな声で挨拶する」などと決めてみると、ゲームのように楽しめるかもしれません。

好き嫌いから自由になれれば、結局得をするのは自分自身です。

「悟れば好悪《こうお》なし」。どんなこともあるがままに受け止められるようになったら、好きも嫌いもなくなります。ぜひ、そこを目指してみませんか？

❖相手のいいところをほめる。大きな声で挨拶する。

仕事での怒り

Q6 常識のない後輩に注意しても無反応で、むかつく

「今の若者は」という主語のあとには、昔からたいてい否定的な述語が続くものです。最近では、次のような例を耳にします。

挨拶をしても目をあわせない、欠勤願いをメールで送ってくる、目の前で電話が鳴っているのに無視する、敬語が使えない、打たれ弱い……。

近年共通する傾向を挙げるとしたら、人とのコミュニケーションが取りづらくなっているということでしょうか。

注意をしても何も反応がない、自分の意見を言わないので何を考えているかわからない、少し厳しく叱るとやめてしまうなど、どの職場でも若い世代の人たちとの関係づくりには苦労しているようです。

しかし、実際に学生や若い世代と接していると、彼らの別な一面も見えてきます。

もちろん、前述のような傾向があることは否めませんが、東日本大震災の際に率先してボランティアに参加した若者たちのように、他者のために身を惜《お》しまず汗を流したり、積極的にお互いにつながりあおうとする姿も多く見受けられます。

「私たちの時代はこうだった」「社会人だったらこうするべきだ」。そんなこだわりだけにとらわれていたら、彼らの可能性を見逃してしまうように思えてなりません。

当然、社会人として非常識な言動は指摘する必要があります。しかし、「うちのルールはこうだから」「仕事とはそういうものだから」と、頭ごなしに叱ったのでは彼らにはうまく伝わらないでしょう。手間がかかるかもしれませんが、噛んで含めるように言い聞かせなければならないかもしれません。

「なぜ、そこまで周りがしなければならないのか」という腹立ちも、もっともです。しかし、人を育てるという視点で考えれば、「こうあるべき」を捨てて、相手の視線で物事を進めるのが最善の策ではないでしょうか。

育った時代や環境、受けた教育によって、物事の捉え方は一八〇度変わります。考えてみてください。あなた自身も親世代とは、まったく違った価値観を持っているはずです。**価値観や捉え方が違う相手こそ、コミュニケーション力を磨くいい**

チャンスだと捉えてみてはどうでしょう。

意地やプライドから「こうあるべき」という思いにとらわれすぎると、相手を許せなくなるだけでなく、自分自身が苦しくなってしまいます。

どんな時も、心は融通無碍《ゆうずうむげ》に遊ばせておきましょう。融通無碍とは、一切を手放し、何のさまたげもとらわれもない心のこと。

十人十色と言うように、誰もがその人にしかない色を持っています。自由な心で見たら、その色が見えてくるはずです。相手を批判したり判断したりするのではなく、その人だけが持っている色が輝くようにサポートできるはずです。叱ったり間違いを指摘したりするだけでは、相手の色は輝きません。その人のいいところ、伸ばすべきところに目を向け、どんどんほめていきましょう。

すると、相手の態度は目に見えて変わるはず。また、あなた自身も自分の色にいきいきと輝けるでしょう。その輝きは、きっと周囲の目にもまぶしく映るはずです。

❖「こうあるべき」にとらわれず、融通無碍の心で接する。

仕事での怒り

Q7 部下が思うように動かず、毎日怒ってばかりいる

私は、日頃庭園のデザインをし、大人数が動く庭園造りの現場で指揮を執る立場にありますが、現場でいつも心がけていることがあります。

ひとつは、自分が造りたい庭のイメージを現場の末端で働く人にまで、徹底して理解してもらうこと。もうひとつは、時には地下足袋や軍手を身につけて自分が率先して動き、周囲と信頼関係を築くことです。

その姿勢が功を奏しているのか、コミュニケーションを取りづらい海外の現場でも、私が行くと、現地作業員の動きが違うと言われます。現場で私が指示を出し始めると、普段、弟子や現地スタッフがいくら言っても動かない彼らの目の色が変わり、てきぱきと動き始めるのです。

それは、私が偉いからではありません。何のために何をどうしたいのかを明確に

伝えるからです。でき上がった姿が鮮明に浮かぶので、そこを目指そうとして作業員のスイッチがいっせいに入るのでしょう。

また、私の指示通りにやることで庭がどんどん変化していくのが、彼らにとってはたまらなく面白いようです。

指示を出すと、「次は何をすればいいんだ?」とでも言うように、目を輝かせてこちらを見ています。そして、私が指示するとサッと動く。ひとつ作業するたびに庭が完成に近づいていくのを目の当たりにするため、「やらされている」のではなく「やりたくてやっている」状態になるのです。そのうち、言葉は十分に理解できなくても、ジェスチャーや目線から私の意向をくみ取り、動き始める作業員も出てきます。

そんな私も、決して怒らないわけではありません。

要領の悪い作業員や怠《なま》けている作業員には、大きな声で注意もします。しかし、それは感情的になっているのではなく、大声で怒鳴ったほうが現場を回すためには効果的だとわかっているからです。相手も「しまった、見つかったか」と苦笑いしながら作業に戻っていき、ギスギスした雰囲気にはなりません。

しかし、口だけをいくら動かしても、体を動かさなければこのようには動いてくれません。作業員と一緒になって汗を流すからこそ言葉が説得力を持ち、信頼を得ることができるのです。

「行解相応《ぎょうげそうおう》」という禅語があります。

これは、禅の理論と実践が一致している理想の姿のことで、「自分ができることを、まず自分からやりなさい」という教えが込められている言葉です。

部下を働かせたいなら、まず自分自身が必死で働くこと。尊敬できない人からいくら怒鳴られても、その言葉が相手に届くことはありません。叱れば叱るほど、部下は頑なになって反発するだけでしょう。

人を変えたいなら、まず自分がその見本となりましょう。あなたが目標に向かって懸命に取り組む姿勢を見せれば、周囲も自然と動き出すはずです。

周りを巻き込んでひとつの目的を達成するには、まず自分自身が誰よりも熱い思いを持ち、先頭に立って進んでいく必要があるのです。

❖仕事の仕上がりをイメージさせ、自分も率先して動く。

第4章

人生が変わる「怒らない生き方」

すべてが「ありがたい」出来事になる

ここまで、怒りから自由になるための暮らし方や考え方をお伝えしてきました。

人が変化するには時間がかかりますし、私たちは感情を持った生き物ですから、今後も、時には気分を害したり冷静さを失ったりすることはあるかもしれません。

しかし、第2章と第3章でお伝えしてきたことを生かしていけば、これまでよりも数段、軽やかに、しなやかに生きていけるでしょう。

そんな毎日は、まさに「日々是好日《にちにちこれこうにち》」。

どんな一日も、「よき一日」となります。

この「好日」という言葉ですが、単に「いいことが起きる一日」「楽しい一日」という意味ではありません。その日どんな出来事があっても、その日にしか体験できない。何の変哲もない日も、飛び上がるほど嬉しいことがあった日も、失望に肩を落とした日も、すべては二度と来ない大切な一日だということです。

たとえ精神的にダメージを受ける出来事があっても、それを新しい自分になるための糧《かて》にできれば、ひとつの「貴重な経験」になります。**将来成功するための試練が与えられたと思えば、意に染まぬ出来事も、その意味はまったく変わる**のです。

そうすると、どんなことも「ありがたい」出来事です。

考えてみれば、一日を無事に終えられた、ただそれだけでもありがたいことです。私たちは、普通に歩き、食べ、息をして暮らしていることを、つい当たり前だと思っていますが、実は呼吸ひとつ自分一人ではできません。

自分の意思で心臓や肺を動かしたり止めたりすることはできないのに、自然に心臓や肺が動いて、私たちを生かしてくれているのです。「動け」と命令したわけでもないのに、こんなにありがたいことはありません。

私たちを守ってくれている存在のおかげで、ちゃんと食事ができる、歩ける、見たり聞いたりできる。そして、さまざまな人と縁を結んでいける……。

たくさんのご縁に支えられ、生かしていただいていると気づけたら、生きることそのものが「ありがたい」と感じられるようになります。それが「日々是好日」の毎日です。

どんな時でも飄々《ひょうひょう》としていられる自分になる

禅の修行僧を表す「雲水《うんすい》」は、「行雲流水《こううんりゅうすい》」という禅語を略した言葉です。空を行く雲のように、流れる水のように、何ものにもあらがわず変化する自然の姿と、悟りを求めて修行の旅を続ける僧の姿を重ねています。

彼らは「何が何でも悟りを開くぞ」と力んでいるわけではありません。常に自然体で、ひたむきに目の前の修行だけに打ち込みます。雲水たちのように、無心に物事に当たっていった時、どんなことも淡々と受け止められるようになり、トラブルや困難にも気負わず立ち向かっていけるようになります。

そんな姿を見て、周囲は「あの人は、いつも飄々としている」と言います。

しかし、「こうしたい」「こうでなければならない」という自分の欲やこだわりに縛られると、雲や水が流れるように生きていくことはできません。

長年庭造りを続けていると、時として私にも「絶対いい庭にしなければ」という欲やこだわりが出てくることがあります。細部の技巧や体裁だけに目が行き、全体を見渡して物事の本質を捉えることができなくなってしまうのです。

そのまま進んでしまうと、自分の納得のいく表現はできません。

「禅の庭」は不要な装飾を徹底的にそぎ落とし、石や樹木そのものが持つ個性を見つめ、十分に引き出すことで、シンプルな美しさを生み出していきます。思う存分、力を出し切ったと言えるような満足のいく庭が誕生するのは、自分が庭造りをしているという意識すらない状態で、ただ純粋に体を動かした時です。

作意や下心を捨てて夢中で眼前の作業に向きあった時に、その素材がもっとも輝く場所や置き方を見出し、最高の結果が得られるのです。「いい庭にしたい」という執着を捨てるからこそ、素材と無心に向きあうことができ、個性が十分に引き出され、そこに調和と美が生まれるのでしょう。

欲やこだわりをひとつ捨てるたびに、怒りや不満をひとつ手放すたびに、人は軽やかになり、雲のように水のように柔軟に生きられるようになります。**あるがままで物事に当たる時、もっとも自然に、もっとものびのびと能力を発揮できるようになるの**です。

「安心《あんじん》」を得てチャンスの波に乗る

どんな時にも心が安定していて、何の苦悩もないこと。

禅では、そんな「安心」を得るために修行に励みます。

心が静かに澄み渡り、ひとかけらの不満も不安もない状態。自分の中に仏性《ぶっしょう》があると気づき、生かされていることのありがたさにただ感謝だけがある状態です。

不安や心配事は、ともすると心を占領して私たちを悩ませますが、それらは自分自身が心の中で作り出しているものです。不安や怖れ、怒りなど、マイナスの感情を手放して「安心」を得ると、日常のささやかなことに大きな幸福感を感じられるようになります。

近所の人と笑顔で挨拶を交わした。庭の梅の花が咲いた。洗濯物が気持ちよく乾いた。それまでは当たり前だと思っていた毎日の出来事に対して「幸せだなあ」「ありがたいなあ」と感謝できるようになるのです。

今日も一日無事に過ごせたことに感謝しながら、安らかな気持ちで毎日を送るようになると、人生に新しい扉を開くチャンスが訪れます。

実は、すべての人に春が訪れるように、チャンスはどんな人にも同じように訪れています。時には、周りの人に比べて自分だけがチャンスに恵まれず、取り残されているように感じることがあるかもしれません。しかし、**季節が変わればすべての人に春風が吹くように、どんな人にもチャンスは平等に与えられている**のです。

ところが、頭の中が不平不満や悩みでいっぱいになっていると、チャンスがトントンと肩を叩いていても、まったく気づけないで見逃してしまいます。また、たとえチャンスがやってきたことに気づいたとしても、不安や怖れにとらわれてまごごしていると、幸運の女神はサッと通り過ぎてしまいます。

しかし、安心が訪れると、やって来たチャンスにパッと気づいて、躊躇《ちゅうちょ》せずその波に飛び乗ることができます。

どんなにいい波がやって来ても、乗る準備ができた人にしか、その波は生かせません。

さあ、安心を得て、チャンスの波をつかまえましょう。

リバウンドせず人生の習慣にするには

怒るという行為は、言わば心のクセのようなもの。長年無意識に続け、慣れ親しんできた習慣ですから、二、三日で変えられるものではありません。

何か新しい能力や技術を習得しようと思った時、初めから完璧にできる人は一人もいませんね。しかし、一歩ずつ進んでいけば、必ずその能力や技術は向上するものです。

そこで、まず一〇〇日続けるという目標を立ててみましょう。

今までご紹介してきたことをすべて実践しようと思うと、なかなか難しいでしょう。ですから、ひとつでもふたつでもいい。**「これなら、できそうだ」と思えるものを決めて、まずは一〇〇日。約三カ月継続します。物事が習慣化するのには、大体そのくらいの期間がかかる**のです。目標になる人を決めて、その人の真似をしてみるというのもいい方法でしょう。

とはいえ、一〇〇日と一口に言っても、実際にやってみると長く感じるはずです。そこで、山登りをする時に定期的に休憩を取ってメリハリをつけるように、ここでも、一週間、一カ月など、あなたのタイミングにあわせて節目を決めましょう。

そして、その間決めたことが実践できたら、そこで自分に「ごほうび」をあげるのです。少しぜいたくなランチをする、温泉に行くなど、何でもいいでしょう。すると、意欲が湧《わ》いて「またがんばろう」という気持ちになれます。

山登りでは、休憩するたびに標高が高くなり、見える景色がどんどん変化していきますね。その景色が励みになり、山頂を目指してまた新たな一歩が踏み出せます。

新しい習慣を身につける時も同じです。**節目節目で生活を振り返るたびに、自分自身の成長を感じることができる**でしょう。

そして一〇〇日後。そこには「本物」になったあなたがいます。

始めた時は難しかったことが、何の苦もなく、やすやすとできるようになっている。ついきつい言葉を吐いていた場面にも、穏やかな気持ちで対応できるようになっている。どんな出来事にも心乱されることなく、平穏な自分でいることができる。

そんな「山頂」の景色を楽しみに、日々精進していってください。

いつでも誰でも変わることができる

「育った環境が悪かったから」「代々短気な家系だから」「もう年だし……」。

こうした理由をつけ、「だから、この性格は直らない」とため息をつく人がいます。

確かに、子ども時代や思春期に起きた出来事、あるいはどのようにしつけられたかは、その人の人格形成に大きな影響を与えます。また、年を重ねるごとに柔軟性が失われ、保守的な面が生まれるのも事実です。しかし、たとえどんな育ち方をしたとしても、また何歳であったとしても、自分で自分を変えることは可能です。

また「周りが非常識な人ばかりだから」「あの人さえいなければ怒らなくて済むのに」と、自分のイライラを他人のせいにする人がいますが、それも間違いです。人は人、自分は自分だということがわかっていれば、どんな場所でも心惑わされることなく平常心でいられるはずです。

頭の中で「絶対に変わろう」「私は今度こそ変わるんだ」と、どんなに強く決意したとしても、行動が変わらなければ変化は起こせません。逆に言えば、どんな小さなことでもいいから、行動さえ変えれば、いつでも誰でも変わることができます。「行動を変えること自体が、難しいんだよ」という人もいるでしょう。ですから、簡単なことから始めるのです。

禅僧のように二四時間厳しく自分を律したり、懸命に修行に励んだりしなくても、日々精進することはできます。

「とりあえず、一〇分だけ早起きしてみよう」「ゆっくりお茶を味わってみよう」「元気な声で気持ちよく挨拶しよう」

これも、立派な「精進」です。こんな精進なら、続けられる気がしませんか？ **毎日の小さな変化はあなたを確実に変えていきます**。また、周囲にも必ず伝わります。

「最近、楽しそうだね」「近頃、顔が穏やかになったね」

そんな言葉をかけられるようになる頃、あなた自身も自分の生活が以前とはまったく変わっているのに気づくでしょう。

人を変えるのは、小さな変化の積み重ねなのです。

生活が変われば、いい縁がつながっていく

仏教では、すべての物事は「縁」によってなりたっていると考えます。いい縁を結びたければ、その縁を作っている「因」を変えていくこと。いい原因を作り続ければ、必ず結果はついていきます。すると、その結果が新たな「因」となり、また次のいい縁がやってきて、いい結果につながる。それが、「因縁が結ばれる」ということです。

一般的に「因縁」という言葉は、「因縁をつけられた」「因縁がある」などと否定的な意味で使われることが多いものですが、もともとは仏教から生まれ、世の真理を表している言葉なのです。

できることからでいい、具体的に行動を変えていくことが自分を変える第一歩。そうお話ししてきましたが、これを仏教的に言えば、「いい因縁を結びましょう」ということになります。

「ひとつやふたつ習慣を変えるくらいで、本当に心穏やかな自分になれるのだろうか」と感じるかもしれません。しかし、ひとつでもいい方向に変われば、次のひとつへとつながります。それがまた次のいい変化を起こし、次から次へと広がっていきます。

すべての物事は独立しているのではなく、連鎖しているからです。

怒りという心の波紋を手で押さえようと必死になるのではなく、波紋が起きないように生活そのものを変えていく。そうすると、毎日の暮らしが心地よいものに変わり、心が安定してきます。当然、周囲との関係もまた変化してきます。

お互いに連鎖しながら影響を与えあい、よい方向へとダイナミックに変わっていく。マイナスのスパイラルから抜け出して、プラスのスパイラルへと入っていけるというわけです。

怒りにとらわれて負のスパイラルへ入っていくよりも、自分を育てていくことへ意識を向けて、いい因縁を結んでいくほうがどれほど大事か。もう、十分にわかっていただけたはずです。あなたの人生にいい縁を呼べるのは、あなたしかいません。

今日がスタート。早速、いい「因」を作っていきましょう。

おわりに

仏教では、人の心の中に貪《とん》・瞋《じん》・癡《ち》の三つの毒があると考えます。「貪」は、尽きることのない貪りの心、欲望のこと。「瞋」が、怒りです。そして「癡」は、愚かさや迷いのことです。この三つの毒に心が支配されている限り、私たちが今という瞬間に満足し、幸せに生きることはできません。

この本では、怒りとの上手なつきあい方についてお話ししてきましたが、それが欲や迷いについても役立つことは言うまでもありません。

命は、限りあるものです。その中で、どれだけ自分の力を生かして人の役に立てるか。それを、私たち一人ひとりが考えていくことが、幸せな生き方につながるのです。

希望を持って新しい時代を生きるために、この本がお役に立てれば幸いです。

怒《おこ》らない　禅《ぜん》の作法《さほう》

二〇一六年 四 月一〇日　初版印刷
二〇一六年 四 月二〇日　初版発行

著　者　枡野《ますの》俊明《しゅんみょう》
発行者　小野寺優
発行所　株式会社河出書房新社
〒一五一－〇〇五一
東京都渋谷区千駄ヶ谷二－三二－二
電話〇三－三四〇四－八六一一（編集）
〇三－三四〇四－一二〇一（営業）
http://www.kawade.co.jp/

ロゴ・表紙デザイン　粟津潔
本文フォーマット　佐々木暁
印刷・製本　中央精版印刷株式会社

Printed in Japan　ISBN978-4-309-41445-4

片づける　禅の作法

枡野俊明　41406-5

物を持たず、豊かに生きる。朝の５分掃除、窓を開け心を洗う、靴を揃える、寝室は引き算…など、禅のシンプルな片づけ方を紹介。身のまわりが美しく整えば、心も、人生も整っていくのです。

日本人の神

大野晋　41265-8

日本語の「神」という言葉は、どのような内容を指し、どのように使われてきたのか？　西欧のGodやゼウス、インドの仏とはどう違うのか？　言葉の由来とともに日本人の精神史を探求した名著。

人生の収穫

曾野綾子　41369-3

老いてこそ、人生は輝く。自分流に不器用に生き、失敗を楽しむ才覚を身につけ、老年だからこそ冒険し、どんなことでも面白がる。世間の常識にとらわれない独創的な老後の生き方！ベストセラー遂に文庫化。

内臓とこころ

三木成夫　41205-4

「こころ」とは、内蔵された宇宙のリズムである……子供の発育過程から、人間に「こころ」が形成されるまでを解明した解剖学者の伝説的名著。育児・教育・医療の意味を根源から問い直す。

民俗のふるさと

宮本常一　41138-5

日本人の魂を形成した、村と町。それらの関係、成り立ちと変貌を、ていねいなフィールド調査から克明に描く。失われた故郷を求めて結実する、宮本民俗学の最高傑作。

隠された神々

吉野裕子　41330-3

古代、太陽の運行に基き神を東西軸においた日本の信仰。だが白鳳期、星の信仰である中国の陰陽五行の影響により、日本の神々は突如、南北軸へ移行する……吉野民俗学の最良の入門書。